Les recettes et les textes sont
de Caroline BODIN.

Les photographies sont de
SAEP/Jean-Luc SYREN et Valérie WALTER.

Le graphisme et la mise en page sont
d'Élisabeth CHARDIN.

La coordination a été assurée par
SAEP/Éric ZIPPER.

Composition et photogravure
SAEP/Arts Graphiques.

Impression : Union Européenne.

**Conception : SAEP CRÉATION
68040 INGERSHEIM - COLMAR**

Caroline Bodin

Macarons

saep

Introduction

La petite histoire du macaron

Au début était le macaron dans le plus simple appareil ; un palet unique, craquelé et croquant, fait à base de blancs d'œufs et de poudre d'amande, dont on retrouve des traces jusqu'au Moyen Âge.

Une autre légende raconte qu'il fut inventé en Italie et aurait été apporté dans les bagages de Marie de Médicis (reine à qui on prête une grande influence dans l'évolution de la cuisine à la Renaissance, surtout en ce qui concerne l'apprêt de pâtisseries fort appréciées à la cour d'Italie, mais aussi quant à la consommation régulière des melons, du raisin et des abricots, entre autres…) ou plutôt dans les malles de ses pâtissiers. Le nom macaron serait même un dérivé du terme « macaroni », mais rien n'est moins sûr pour autant…

Ses ancêtres, ou leurs descendants, sont encore connus sous le nom de macaron de Nancy et de Boulay, en Lorraine, et sont préparés au moins depuis le milieu du XIXe siècle. À Saint-Jean-de-Luz, dans le Pays basque, la maison Adam perpétue la tradition de la recette originelle offerte au roi Louis XIV à l'occasion de ses noces. Des macarons, certains puristes ne conçoivent que ces versions un rien rustiques, comparées aux macarons parisiens, qui suscitent un engouement qui n'est plus à démontrer.

Il semble que, dans les années 1830, les pâtissiers les plus inventifs aient déjà eu l'idée de parfumer d'épices, d'alcools et de fruits les macarons et les aient déjà réunis deux par deux à la manière d'un petit sandwich sucré.

Il faut attendre néanmoins la seconde moitié du XIXe siècle pour qu'apparaisse le macaron « Gerbet », plus aéré, léger et fondant. Reste à savoir qui eut l'idée de fourrer deux coques de macaron, réalisées à partir de blancs d'œufs montés en neige, de poudre d'amande et de sucre, de ganache !

Ô ganache, merveilleux mélange de crème fraîche et de chocolat ! Te voilà désormais parfumée de miel, de fruits, d'épices et d'ingrédients tous plus savoureux et originaux les uns que les autres. Tu es même parfois remplacée par des confitures ou des mousses de fruits, par des ingrédients que l'on n'aurait jamais osé imaginer auparavant. C'est que le macaron est le « Sésame, ouvre-toi » des portes de l'imagination des plus grands pâtissiers comme des cuisiniers amateurs.

Il permet toutes les combinaisons, ou presque, et adore faire des surprises aux gourmands qui le dévorent autant des yeux que du bout des dents…

Quelques conseils pour réussir ses macarons

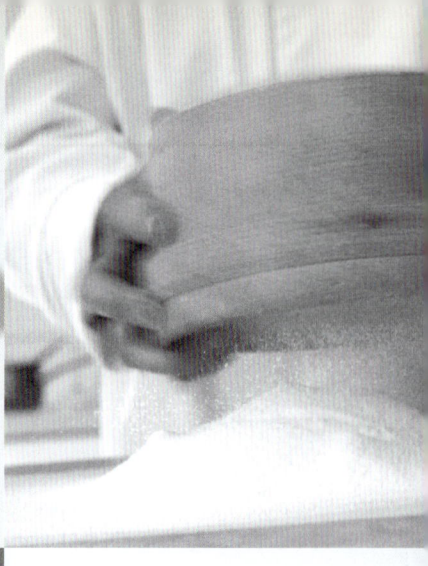

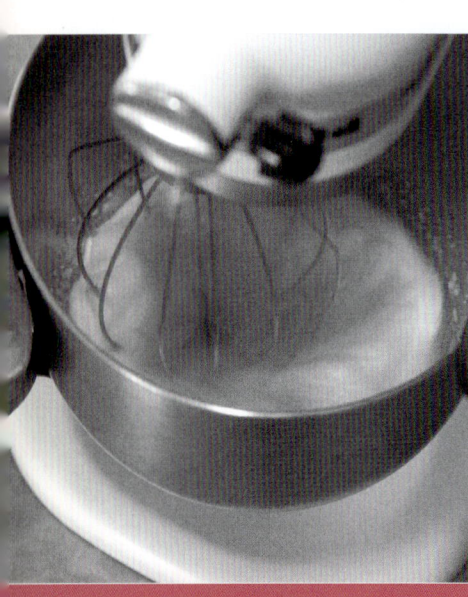

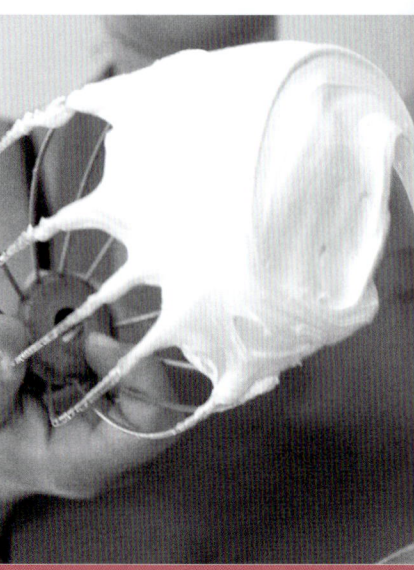

6

Tout d'abord, ne vous lancez pas dans la réalisation des macarons sur un coup de tête ! En effet, préparer des macarons demande du temps et pas mal d'organisation. La pâtisserie n'est pas affaire d'improvisation ! Réussir des macarons du premier coup est presque impossible, il y a vraiment un coup de main à prendre et une bonne connaissance de ses ustensiles à avoir.

Pour preuve, n'hésitez pas à mesurer la température exacte du sucre lorsque vous réalisez un sirop pour la meringue italienne, avec un thermomètre « spécial pâtisserie » (non, on n'emploie pas le thermomètre qui sert à vérifier la température de Jules !). Vous pèserez également vos blancs d'œufs. La base de 100 à 120 g de blancs d'œufs servira de mesure étalon, ce qui équivaut à 3 beaux œufs ou à 4 petits.

Pour certaines recettes, il faudra du colorant alimentaire, à doser parcimonieusement si vous ne voulez pas vous retrouver avec une langue de toutes les couleurs de l'arc-en-ciel, des ingrédients parfois difficiles à se procurer, et surtout une bonne dose de patience et de minutie.

En ce qui concerne les ustensiles, outre le thermomètre (également appelé thermosonde), munissez-vous d'un tamis. Si la poudre d'amande n'est pas tamisée (certains tamisent le mélange sucre glace-poudre d'amande), la catastrophe est proche.

Du tamis au mixeur, il n'y a qu'un pas, car mieux vaut mixer finement le sucre glace et la poudre d'amande, même si certains assurent que l'on peut les mélanger manuellement.

Pour que les œufs montent plus facilement en neige, vous pouvez les casser la veille puis les réserver au réfrigérateur dans un récipient hermétique. En revanche, ne les utilisez que revenus à température ambiante.

Ensuite, inutile d'être bravache et de tenter de prouver que vous êtes un superman, ou une wonderwoman, de la cuisine, en montant vos blancs en neige à la main. Non, soyez modeste et adoptez le batteur électrique, et n'oubliez pas d'ajouter une pincée de sel ou quelques gouttes de jus de citron à vos blancs d'œufs afin d'obtenir une neige très ferme, exempte de tout résidu liquide.

Quand vient la délicate et cruciale étape du « macaronnage », surtout employez une maryse, plus communément appelée « spatule », dont l'embout en plastique vous permettra de soulever la masse des œufs en neige comme si vous étiez en train de réaliser une mousse au chocolat. On ne « touille » pas la pâte des macarons, on incorpore les deux appareils avec douceur et respect des ingrédients.

Mais, ouf, voilà qui est fait ! Vous avez « macaronné » sans trop d'accident et obtenu une préparation d'une homogénéité merveilleuse. Vient le moment où elle doit être versée dans une poche à douille.

Si vous n'avez pas de poche à douille professionnelle, vous pouvez vous en confectionner une avec un simple sac à congélation. Il suffit de le plier en diagonale et de fixer la partie rabattue sur le côté. On coupe ensuite la pointe à l'aide d'une paire de ciseaux. En revanche, n'essayez pas de vous passer de cette poche, sinon ce seront non pas des macarons que vous découvrirez au sortir du four mais d'affreux petits monstres difformes à peine comestibles !

Au moment de former les macarons, rusez et dessinez sur votre papier sulfurisé des ronds bien nets et espacés juste ce qu'il faut à l'aide d'un stylo. Aidez-vous d'une petite bouteille ou d'un emporte-pièce. Ou, tout simplement, empruntez le compas de Jules : pour une fois que cet instrument de torture se rend utile...

Tenez la poche à douille bien droite et apposez l'embout presque sur la plaque. Remplissez la poche à douille à moitié plutôt qu'à ras bord, elle risquerait en effet de déborder lorsque vous appuierez doucement sur la poche pour en faire descendre la pâte.

La pâte à macarons ayant parfois tendance à mal se répartir, n'hésitez pas à frapper légèrement sous la plaque à pâtisserie du plat de la main afin de faire descendre la préparation. Elle cuira ainsi de manière plus uniforme.

Maintenant, laissez croûter, entre 30 minutes et 1 heure, plus si nécessaire ! Les macarons ont besoin de repos, et vous aussi...

En ce qui concerne la cuisson, le temps moyen indiqué est compris entre 10 et 12 minutes à 150 °C, c'est-à-dire thermostat 5. Néanmoins, les fours sont à ce point différents qu'il ne faut pas hésiter à faire quelques essais préalables. Il ne serait pas surprenant en effet de découvrir qu'il vous faut 15 minutes de cuisson ou qu'une température de 170-180 °C (c'est-à-dire un « petit » thermostat 6) est nécessaire.

Enfin, lorsque la cuisson est terminée, attendez quelques minutes avant de décoller les macarons. La garniture doit être appliquée bien au centre et arriver jusqu'aux bords lorsque l'on referme le macaron avec une coque vide. Ainsi, le biscuit restera moelleux à cœur, ne prenant pas l'air qui pourrait l'assécher.

Tout sur le macaron

Macarons et décoration

Sésame, graines de pavot, sucre blond, rose ou coloré, poudre de noix de coco légèrement teintée au colorant alimentaire, puis collée avec un peu de sirop de glucose : pour les macarons, rien n'est trop beau !

On peut aussi s'amuser et, lorsqu'ils sont prêts et bien refroidis, les décorer avec des traits de chocolat fondu, en quadrillage, en spirales, leur coller des petits cœurs et des étoiles multicolores spécialement réservés à la décoration alimentaire.

Du sucre glace, des épices en poudre douces et colorées, du caramel filé, et pourquoi pas des petits morceaux de feuilles d'or ? Sur des macarons de couleur sombre, l'effet est garanti !

SOS macarons

– Mes macarons ne portent pas de collerette.
Faute de goût impardonnable ! Les bougres devraient savoir qu'un macaron digne de ce nom ne peut pas sortir sans collerette. Il est possible que le macaronnage n'ait pas été tout à fait réussi. La plaque à pâtisserie peut également avoir été trop chaude, ce qui accélère la cuisson de la base du macaron et empêche la formation de la collerette. On peut essayer dans ce cas de superposer plusieurs plaques les unes sur les autres afin d'isoler les macarons.

– Horreur, je me retrouve avec des macarons tout craquelés !
La pâte devait être trop humide, un problème avec les blancs en neige, peut-être ? Ou bien avaient-ils besoin de croûter plus longtemps ou le four était-il trop chaud ?

– Ils sont tout bossus !
Cette fois, le four était peut-être trop froid, ou bien la répartition de la pâte avec une poche à douille n'est pas encore l'un de vos points forts !

– Pire, ils sont plats...
Le macaronnage a dû être violent et, des blancs en neige, il n'est plus rien resté. Par conséquent, ils n'ont pas levé et se sont en quelque sorte ratatinés sur eux-mêmes.

– Ils se sont répandus dans le four !
Avez-vous arrêté de battre les blancs pendant que vous vous occupiez du sirop de sucre ? La meringue est peut-être retombée pendant ce temps-là. Ou bien le sucre n'était pas à la bonne température, trop ou pas assez chaud.

– Ils collent et adhèrent au papier sulfurisé...
C'est qu'ils ne sont pas assez cuits. Le mieux serait de poursuivre la cuisson car, même si vous réussissez à les décoller, ils risquent d'être difficiles à manipuler.

L'abécédaire du macaron

– Bec d'oiseau : il n'est pas nécessaire d'avoir un merle ou un canari à disposition pour faire des macarons mais vos blancs d'œufs doivent en prendre la forme. Au bout du fouet ou du batteur électrique, ils forment une pointe ; c'est signe qu'ils sont réussis.

– Collerette : léger renflement qui se forme à la base des macarons au bout de quelques minutes et indique qu'ils gonflent et s'aèrent correctement.

– Croûtage : le mot ressemble plus à un néologisme qu'à autre chose mais l'opération est essentielle ! Avant de mettre ses macarons au four, on les laisse « croûter », c'est-à-dire reposer environ 30 minutes pour qu'une petite croûte se forme à la surface. Gare aux malheureux qui, après avoir formé leurs macarons, les auraient mis au four sans ménagement !

– Macaronnage : étape délicate qui consiste à amalgamer la poudre d'amande et le sucre glace intimement mélangés dans les blancs d'œufs montés en neige. Il faut non pas briser les blancs en neige mais les incorporer en soulevant l'appareil à l'aide d'une spatule.

– Maryse : spatule plate à tête de caoutchouc ou de silicone.

– Meringue à l'italienne : il s'agit d'un mélange de blancs d'œufs crus auxquels on aura additionné du sucre cuit.

– Rabattre la pâte : cette étape désigne le moment où l'on incorpore le « tant pour tant » dans les œufs montés en neige, bref, une autre manière de désigner le macaronnage !

– Tamis : ustensile indispensable pour ôter les impuretés et rendre sucres, poudres et farines les plus fins possible.

– Tant pour tant : c'est ainsi que l'on désigne la préparation de base du macaron, qui consiste en un mélange de sucre, de poudre d'amande et parfois de poudre de cacao ou de café. Le terme vient de la quantité équivalente de sucre et de poudre d'amande. Cela n'est pas toujours le cas mais le terme est employé dans cet ouvrage afin d'aider à la compréhension.

9

L'ancêtre du macaron (le macaron de Nancy)

Pour 50 macarons environ
Facile / Économique
Préparation : 20 minutes
Cuisson : 15 minutes

Ingrédients
- 150 g de poudre d'amande
- 300 g de sucre en poudre
- 4 blancs d'œufs
- Quelques gouttes d'extrait de vanille ou 1 gousse entière
- Sucre glace.

- Mélanger la poudre d'amande et le sucre en poudre dans un mixeur.
- Incorporer les blancs d'œufs non travaillés en plusieurs fois puis ajouter la gousse de vanille égrainée ou quelques gouttes d'extrait de vanille.
- À l'aide d'une poche à douille, former de grosses pastilles de pâte à macarons sur une plaque recouverte de papier sulfurisé.
- Humecter de quelques gouttes d'eau et saupoudrer d'un peu de sucre glace.
- Faire cuire 15 minutes environ à 150 °C (th. 5). Laisser refroidir.

Macarons pour tous

Pour 30 macarons environ
Moyenne / Économique
Préparation : 30 minutes
Repos : 30 minutes minimum
Cuisson : 10 à 15 minutes

Ingrédients
- 125 g de poudre d'amande
- 200 g de sucre glace
- 3 beaux blancs d'œufs ou 4 petits (environ 100 à 120 g)
- 25 g de sucre en poudre.

- Commencer par mélanger la poudre d'amande et le sucre glace dans un mixeur équipé d'une grande lame.
- À l'aide d'un batteur électrique, monter les blancs d'œufs en neige ferme. Lorsqu'ils commencent à prendre, ajouter le sucre en poudre en pluie et continuer à mélanger jusqu'à obtention d'une meringue ferme et aérée.
- Verser la poudre d'amande mélangée au sucre glace et l'incorporer à l'aide d'une spatule en caoutchouc. Lorsque le mélange est bien homogène, épais mais encore un peu liquide, le verser dans une poche à douille.
- Former des petites boules de pâte d'environ 4 cm de diamètre sur une plaque à four recouverte de papier sulfurisé. Les laisser reposer 30 minutes au minimum.
- Enfourner pour 10 minutes environ à 150 °C (th. 5) et retourner la plaque au milieu de la cuisson. Laisser refroidir les coques.
- Lorsque les coques de macaron ont bien refroidi, appuyer du côté plat au centre des biscuits avec le pouce afin de les creuser légèrement.

L'ancêtre
du macaron

Macarons pour pros

Pour 30 macarons
Difficile / Économique
Préparation : 45 minutes
Repos : 30 minutes minimum
Cuisson : 10 à 15 minutes

Ingrédients
- 150 g de poudre d'amande
- 150 g de sucre glace
- 4 blancs d'œufs
- 150 g de sucre en poudre.

- Mélanger manuellement la poudre d'amande et le sucre glace dans un saladier. Tamiser bien le tout et réserver.
- Monter en neige 2 blancs d'œufs.
- Faire chauffer le sucre en poudre avec un peu d'eau dans une petite casserole. Augmenter doucement la température jusqu'à approcher 120 °C, le sucre ne doit pas caraméliser.
- Verser le sucre chaud dans les œufs en neige sans cesser de mélanger au batteur électrique.
- Ajouter ensuite les 2 autres blancs d'œufs non montés au mélange de sucre glace et de poudre d'amande. Incorporer progressivement les blancs d'œufs battus en neige à cet appareil.
- Former des petites boules de pâte d'environ 4 cm de diamètre sur une plaque à four recouverte de papier sulfurisé. Les laisser reposer 30 minutes au minimum.
- Mettre au four pendant environ 12 minutes à 150 °C (th. 5). Laisser refroidir les coques.
- Lorsque les coques de macaron ont bien refroidi, appuyer du côté plat au centre des biscuits avec le pouce afin de les creuser légèrement.

13

Macaron au chocolat au lait

Pour 30 macarons
Difficile / Économique
Préparation : 1 heure
Repos : 1 heure minimum
Cuisson : 10 à 15 minutes

Ingrédients
- 150 g de poudre d'amande
- 150 g de sucre glace
- 150 g de sucre en poudre
- 4 blancs d'œufs
- 30 g de cacao en poudre.

Pour la garniture
- 125 g de chocolat au lait
- 12 cl de crème fraîche liquide
- Cannelle en poudre.

- Faire fondre le chocolat au bain-marie et faire chauffer la crème dans une casserole à part avec une bonne pincée de cannelle.
- Verser la crème chaude sur le chocolat fondu et travailler la ganache à l'aide d'une spatule jusqu'à ce qu'elle soit bien lisse. Réserver au réfrigérateur.
- Pendant que la ganache repose, préparer les macarons selon la recette à base de meringue italienne (« pour pros »), p. 12, en intégrant la poudre de cacao dans le mélange sucre glace-poudre d'amande.
- À l'aide d'une poche à douille, disposer la ganache au centre de la moitié des coques creusées.
- Couvrir d'une autre coque de macaron et bien appuyer pour répartir la garniture. Réserver au frais environ 1 heure.

Macaron praliné

Pour 30 macarons
Moyenne / Économique
Préparation : 1 heure
Repos : 1 heure minimum
Cuisson : 10 à 15 minutes

Ingrédients
- 125 g de poudre d'amande
- 200 g de sucre glace
- 120 g de blancs d'œufs
- 30 g de sucre en poudre.

Pour la ganache au praliné
- 1 plaque de chocolat praliné
- 10 cl de crème fraîche liquide
- Quelques gouttes de chicorée liquide.

- Faire fondre le chocolat praliné au bain-marie.
- Porter la crème fraîche, additionnée d'un peu de chicorée liquide, à ébullition.
- Verser doucement la crème sur le chocolat et mélanger à l'aide d'une spatule afin d'obtenir une ganache lisse et brillante. Réserver la ganache au réfrigérateur.
- Préparer les macarons selon la recette « pour tous », p. 10, puis en garnir la moitié, une fois refroidis, d'une noix de ganache pralinée.
- Couvrir du reste des coques à macarons et réserver au frais avant de déguster.

Macaron au chocolat au lait

Macaron domino

Pour 30 macarons
Moyenne / Économique
Préparation : 1 heure
Repos : 1 heure minimum
Cuisson : 10 à 15 minutes

Ingrédients
- 125 g de poudre d'amande
- 200 g de sucre glace
- 3 beaux blancs d'œufs ou 4 petits
- 30 g de sucre en poudre.

Pour la garniture
- 130 g de beurre ramolli
- 70 g de sucre glace
- 50 g de poudre de noisette
- 50 g de chocolat noir.

- Disposer le beurre mou dans un saladier et le détendre à l'aide d'une spatule jusqu'à ce qu'il ait une texture proche de la pommade.
- Ajouter le sucre glace tamisé et fouetter vigoureusement. Incorporer la poudre de noisette puis ajouter le chocolat fondu au bain-marie.
- Filmer et laisser refroidir à température ambiante.
- Mélanger poudre d'amande et sucre glace afin de former un tant pour tant.
- À l'aide d'un batteur électrique, monter les blancs d'œufs en neige ferme. Ajouter le sucre en poudre en pluie et continuer à mélanger jusqu'à obtention d'une meringue ferme et aérée.
- Incorporer le tant pour tant. Verser ensuite le mélange dans une poche à douille.
- Former des boules de pâte d'environ 4 cm de diamètre sur une plaque à four recouverte de papier sulfurisé. Les laisser reposer 30 minutes au minimum.
- Faire cuire au four à 170 °C (th. 5-6) pendant 10 à 12 minutes puis garnir de crème à la noisette la moitié des coques refroidies.
- Couvrir de l'autre moitié des coques et réserver au réfrigérateur au moins 30 minutes.

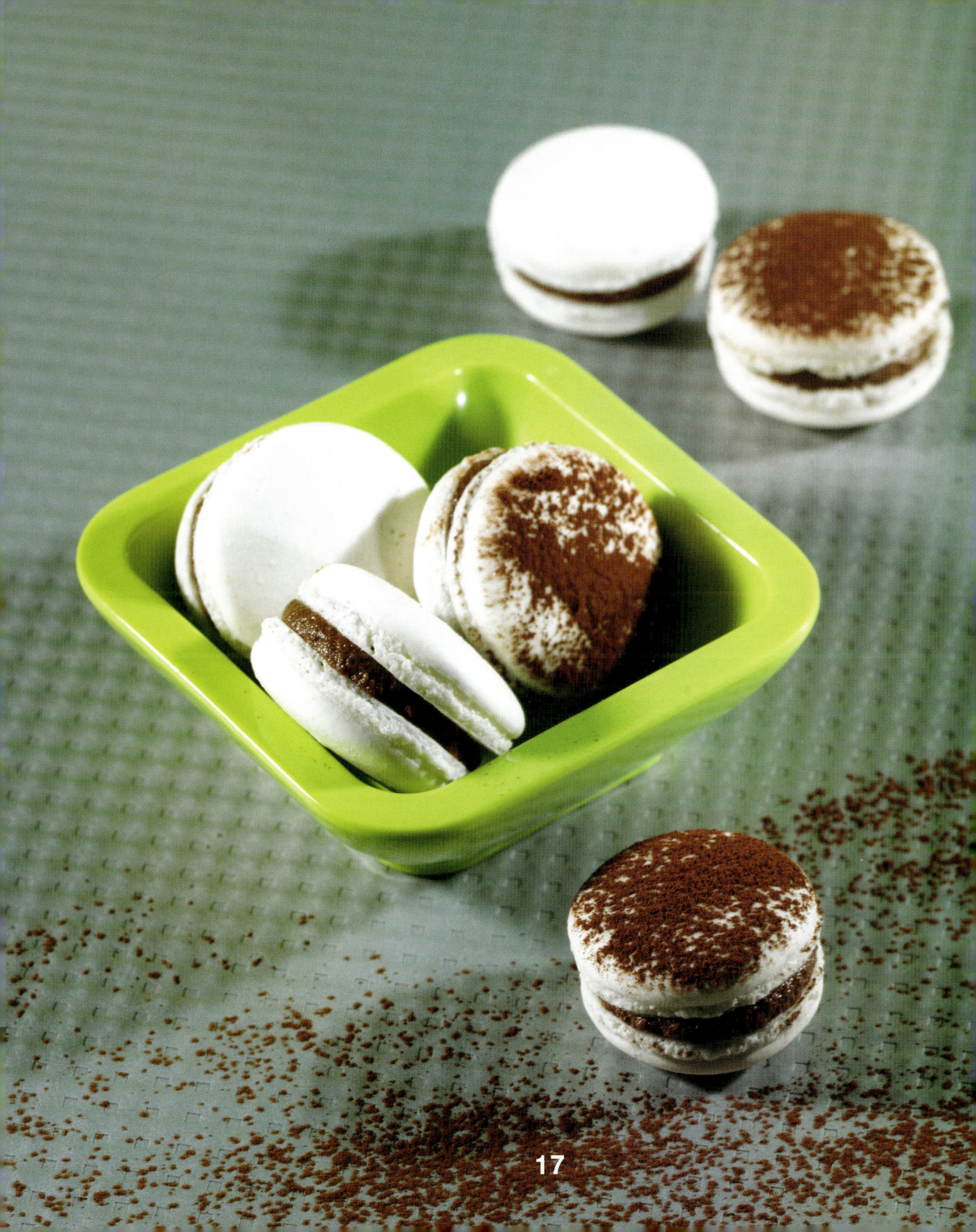

Macadamia nut macaron

Pour 40 macarons
Difficile / Raisonnable
Préparation : 1 heure
Repos : 1 heure minimum
Cuisson : 10 à 15 minutes

Ingrédients
- 250 g de poudre d'amande
- 250 g de sucre glace
- 5 beaux blancs d'œufs
- 250 g de sucre en poudre.

Pour la ganache
- 250 g de chocolat noir
- 25 cl de crème fraîche liquide
- 50 g d'éclats de noix de macadamia.

- Faire fondre le chocolat cassé en morceaux au bain-marie. Faire chauffer la crème à part et la verser sur le chocolat. Bien mélanger à feu doux jusqu'à ce que le mélange soit lisse.
- Ajouter les éclats de noix de macadamia et laisser refroidir.
- Mélanger la poudre d'amande et le sucre glace puis tamiser le tout.
- Monter en neige la moitié des blancs d'œufs.
- Faire chauffer le sucre en poudre avec un peu d'eau dans une petite casserole. Augmenter doucement la température jusqu'à 118-119 °C. Verser le sucre chaud dans les œufs en neige sans cesser de mélanger au batteur électrique.
- Ajouter ensuite le reste de blancs d'œufs non montés au mélange de sucre glace et de poudre d'amande. Incorporer progressivement les blancs d'œufs battus en neige à cet appareil.
- Verser la pâte à macarons dans une poche à douille et former des petits cercles de pâte d'environ 4 cm de diamètre sur une plaque à four recouverte de papier sulfurisé. Les laisser reposer 30 minutes au minimum.
- Faire cuire au four à 150 °C (th. 5) pendant environ 12 minutes.
- Une fois la cuisson terminée, laisser refroidir les coques puis en garnir la moitié de ganache au chocolat et aux noix de macadamia.

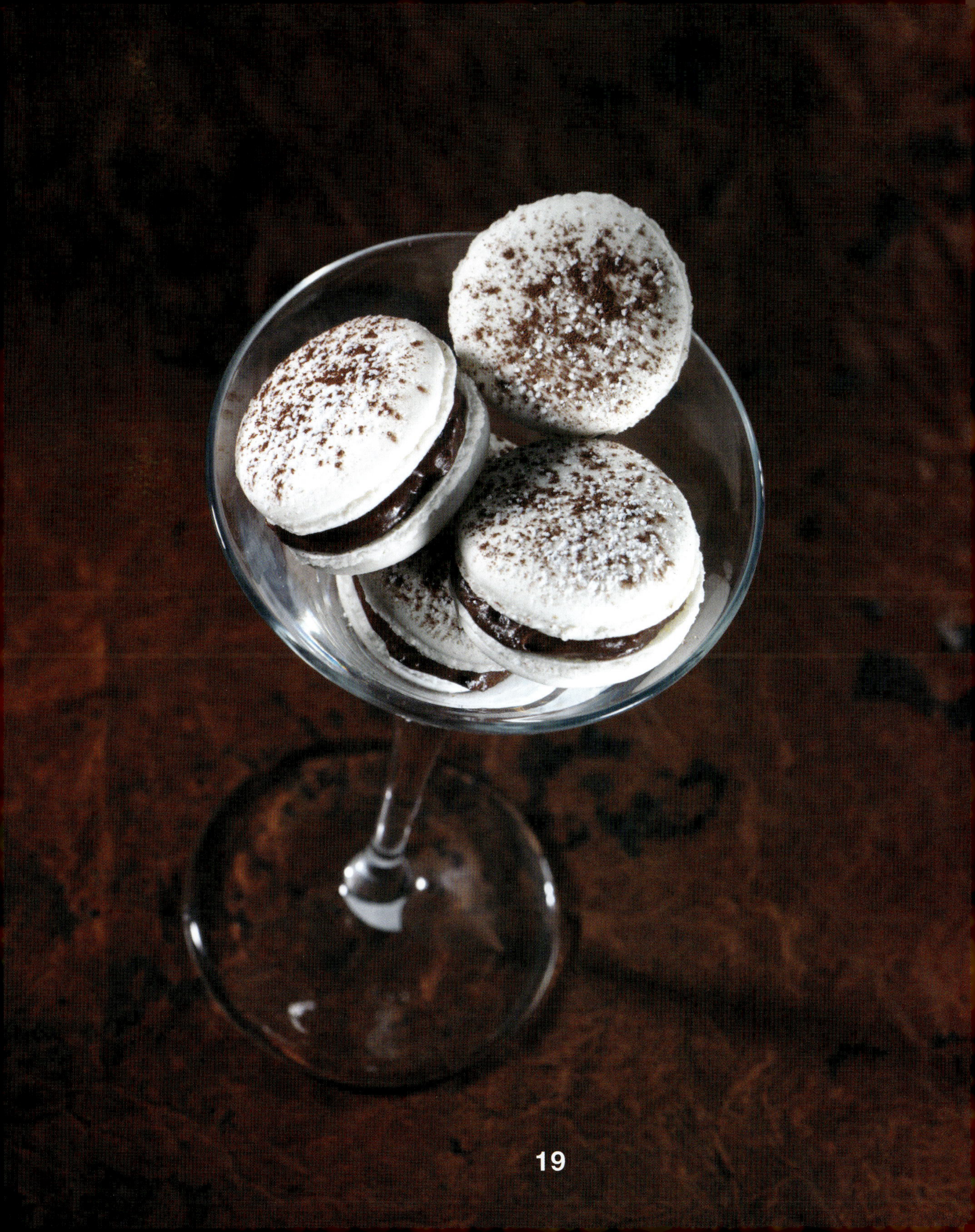

Macaron café turc

Pour 35 macarons environ
Moyenne / Économique
Préparation : 1 heure
Repos : 1 heure minimum
Cuisson : 10 à 15 minutes

Ingrédients
- 125 g de poudre d'amande
- 200 g de sucre glace
- 120 g de blancs d'œufs
- 25 g de sucre en poudre
- Quelques gouttes de colorant alimentaire jaune
- Cacao en poudre non sucré.

Pour la garniture
- 20 g de café soluble
- 200 g de crème fraîche liquide
- 150 g de chocolat blanc
- 1 ou 2 capsules de cardamome.

- Délayer le café soluble dans un peu d'eau chaude.
- Faire chauffer séparément la moitié de la crème fraîche parfumée au café et aux graines de cardamome et le chocolat au bain-marie.
- Verser la crème chaude en plusieurs fois sur le chocolat tout en mélangeant bien. Laisser tiédir et ajouter ensuite le reste de crème froide.
- Réserver au réfrigérateur et monter en chantilly au moment de garnir les macarons.
- Préparer les macarons selon la recette « pour tous », p. 10. Ajouter un peu de colorant alimentaire jaune après avoir monté les blancs en neige. Saupoudrer les coques de macaron d'un peu de cacao au poudre juste avant d'enfourner.
- Une fois les macarons cuits, garnir de ganache au café et à la cardamome.

Macaron de la passion

Pour 30 macarons
Difficile / Raisonnable
Préparation : 1 heure 15 min.
Repos : 1 heure minimum
Cuisson : 30 minutes

Ingrédients
- 150 g de poudre d'amande
- 150 g de sucre glace
- 4 blancs d'œufs
- 150 g de sucre en poudre.

Pour la garniture
- 10 cl de jus de fruits de la passion
- 15 g de sucre en poudre
- 150 g de chocolat à pâtisser
- 30 g de beurre.

- Faire chauffer le jus de fruits de la passion avec le sucre sur feu moyen et porter à ébullition.
- Faire fondre le chocolat au bain-marie.
- Verser le jus de fruits sur le chocolat fondu puis ajouter le beurre découpé en morceaux. Bien mélanger à l'aide d'une spatule jusqu'à obtenir une ganache bien lisse.
- Réserver au réfrigérateur le temps de préparer les macarons.
- Garnir la moitié des macarons préparés selon la recette « pour pros », p. 12, de ganache aromatisée aux fruits de la passion. Former les macarons et garder un peu au réfrigérateur afin de les laisser prendre.

Macaron
café turc

Macaron au caramel

Pour 30 macarons
Difficile / Économique
Préparation : 1 heure
Repos : 1 heure minimum
Cuisson : 25 minutes

Ingrédients
- 125 g de poudre d'amande
- 200 g de sucre glace
- 3 beaux blancs d'œufs ou 4 petits
- 30 g de sucre en poudre.

Pour la garniture
- 150 g de sucre en poudre
- 10 cl de crème fraîche
- 100 g de beurre demi-sel.

- Faire fondre le sucre doucement dans une casserole jusqu'à ce qu'il blondisse.
- Ajouter progressivement la crème fraîche tout en mélangeant à l'aide d'une spatule.
- Placer la casserole hors du feu et incorporer le beurre découpé en morceaux. Mélanger jusqu'à obtenir un caramel souple et homogène. Réserver au réfrigérateur.
- Mixer ensemble la poudre d'amande et le sucre glace. Monter les blancs d'œufs en neige ferme.
- Lorsqu'ils commencent à prendre, ajouter le sucre en poudre en pluie et continuer à mélanger jusqu'à obtention d'une meringue ferme.
- Incorporer le tant pour tant à la meringue. Lorsque le mélange est bien homogène, le verser dans une poche à douille.
- Former des boules de pâte d'environ 5 cm de diamètre sur une plaque à four recouverte de papier sulfurisé. Les laisser reposer 30 minutes au minimum.
- Faire cuire 12 minutes à 170 °C (th. 5-6). Laisser refroidir les coques.
- Lorsque les coques de macaron ont bien refroidi, en garnir la moitié de caramel au beurre salé et couvrir de l'autre moitié avant de réserver au frais au moins 30 minutes.

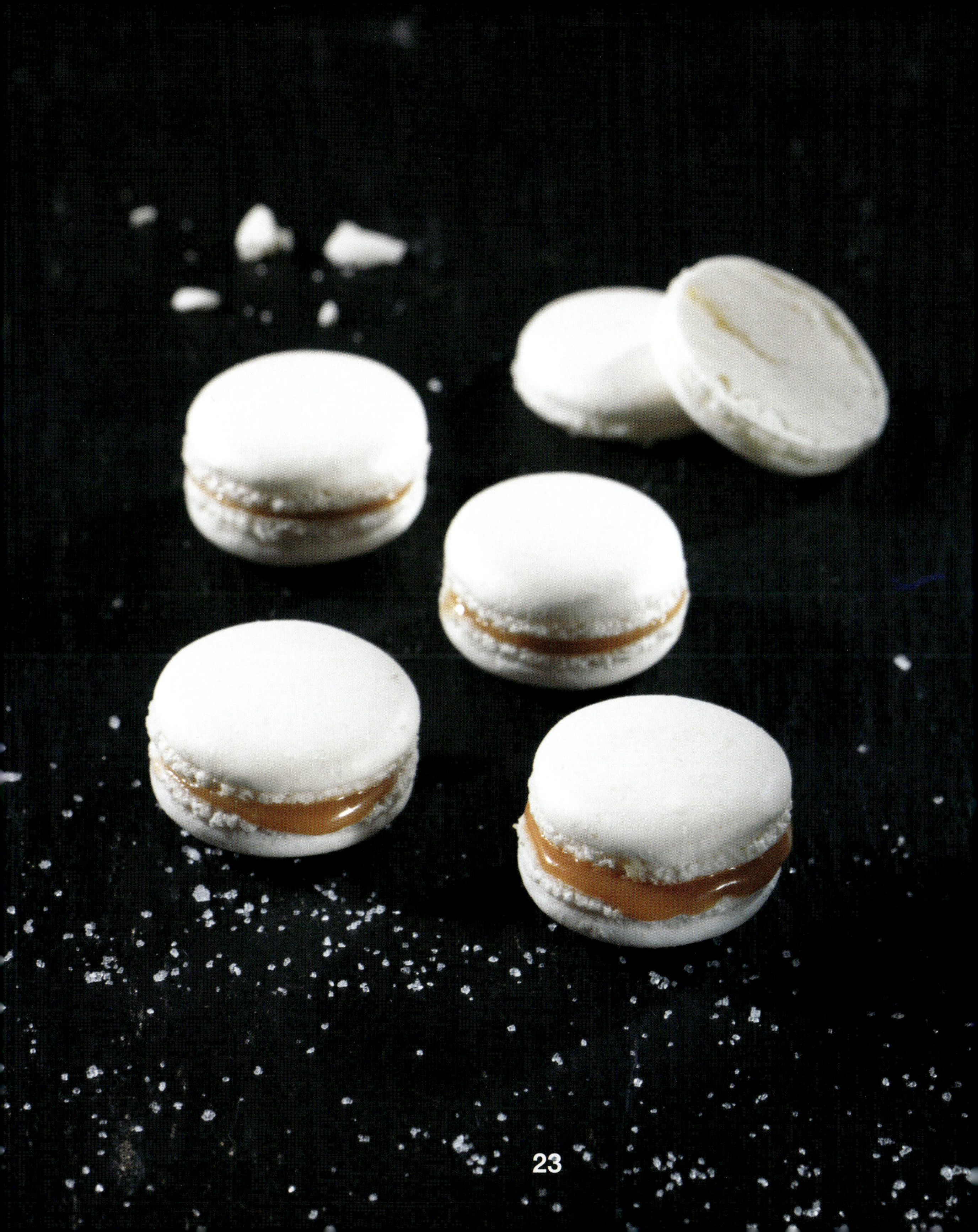

Macaron à la réglisse

Pour 30 macarons
Moyenne / Économique
Préparation : 1 heure
Repos : 1 heure minimum
Cuisson : 10 à 15 minutes

Ingrédients
- 125 g de poudre d'amande
- 200 g de sucre glace
- 3 beaux blancs d'œufs ou 4 petits
- 25 g de sucre en poudre.

Pour la ganache à la réglisse
- 125 g de chocolat blanc
- 12 cl de crème fraîche liquide
- 3 ou 4 morceaux de bonbons de réglisse
- 1 cuil. à soupe de miel.

- Faire fondre le chocolat au bain-marie et porter à ébullition la crème fraîche sur feu moyen dans une petite casserole avec la réglisse et le miel.
- Verser très progressivement la crème chaude sur le chocolat tout en l'incorporant à l'aide d'une spatule. Bien mélanger et lisser la ganache puis laisser refroidir avant de réserver au réfrigérateur.
- Réaliser la recette des macarons « pour tous », p. 10, puis garnir les coques refroidies de ganache à la réglisse.
- Refermer les macarons avant de les entreposer au frais environ 1 heure.

Macaron à la pâte de spéculoos

Pour 30 macarons
Moyenne / Raisonnable
Préparation : 45 minutes
Repos : 2 heures 30 minutes minimum
Cuisson : 10 à 15 minutes

Ingrédients
- 125 g de poudre d'amande
- 200 g de sucre glace
- 3 beaux blancs d'œufs
- 25 g de sucre en poudre
- 1 pot de pâte à tartiner aux spéculoos
- Citrons confits
- Sel.

- Mélanger la poudre d'amande et le sucre glace dans un mixeur.
- Monter les blancs d'œufs en neige ferme avec une pincée de sel. Ajouter le sucre en poudre en pluie et continuer à mélanger jusqu'à obtention d'une meringue bien aérée.
- Incorporer le tant pour tant puis verser dans une poche à douille.
- Former des boules de pâte d'environ 4 cm de diamètre sur une plaque à four recouverte de papier sulfurisé. Les laisser reposer 30 minutes au minimum.
- Enfourner pour 10 à 12 minutes à 150 °C (th. 5).
- Garnir la moitié des coques de macaron refroidies de pâte à tartiner aux spéculoos et de petits morceaux de citrons confits.
- Couvrir de l'autre moitié des coques de macaron et mettre au frais pour 1 ou 2 heures.

Macaron à la réglisse

Macaron à la framboise

Pour 40 macarons
Difficile / Économique
Préparation : 45 minutes
Repos : 1 heure minimum
Cuisson : 10 à 15 minutes

Ingrédients
- 150 g de poudre d'amande
- 150 g de sucre glace
- 150 g de sucre en poudre
- 4 blancs d'œufs
- Confiture de framboises.

- Mélanger la poudre d'amande et le sucre glace dans un saladier. Tamiser et réserver.
- Faire chauffer le sucre en poudre avec un peu d'eau dans une petite casserole. Augmenter doucement la température et la vérifier à l'aide d'un thermomètre, le sucre ne doit pas caraméliser.
- Lorsque le sucre atteint 114 °C, commencer à battre 2 blancs d'œufs. Augmenter la température du sucre jusqu'à 118 °C et verser dans les œufs en neige sans cesser de mélanger au batteur électrique.
- Ajouter ensuite les 2 autres blancs d'œufs non montés au mélange de sucre glace et de poudre d'amande. Incorporer progressivement les blancs d'œufs battus en neige à cet appareil.
- Verser dans une poche à douille et former des petites boules de pâte d'environ 4 cm de diamètre sur une plaque à four recouverte de papier sulfurisé. Les laisser reposer 30 minutes au minimum.
- Mettre au four à 150 °C (th. 5) pendant environ 12 minutes. Laisser refroidir.
- Garnir la moitié des coques refroidies de confiture de framboises en veillant à ne pas la placer trop près des bords. Fermer les macarons avec les coques vides.

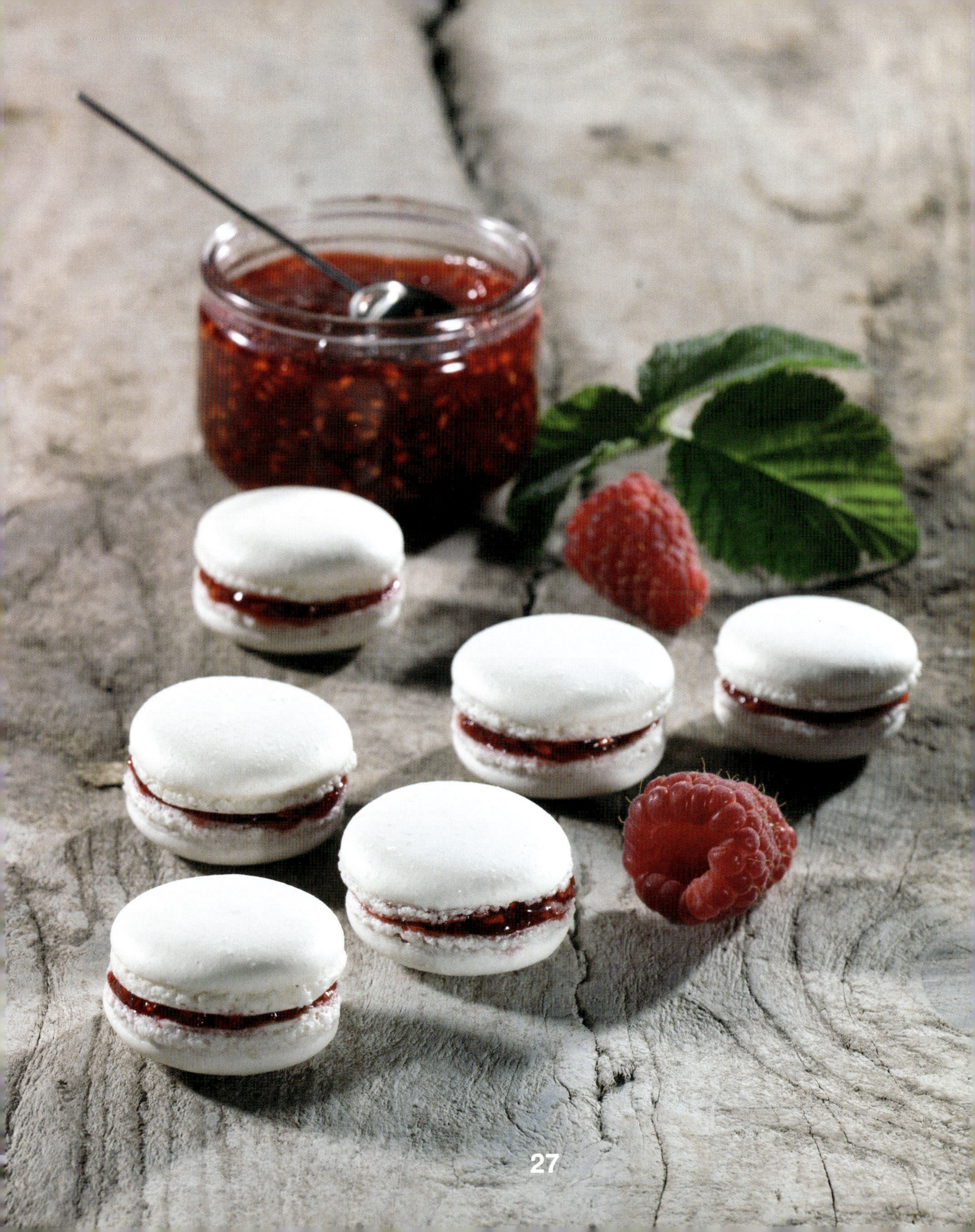

Macaron aux litchis et à la rose

recette coup de cœur

Pour 30 macarons
Difficile / Raisonnable
Préparation : 1 heure 10 min
Repos : 1 heure au minimum
Cuisson : 30 minutes

Ingrédients
- 125 g de poudre d'amande
- 200 g de sucre glace
- Eau de rose
- 3 beaux blancs d'œufs
- 30 g de sucre en poudre
- Colorant alimentaire rouge.

Pour la vinaigrette
- 75 g de litchis sans noyaux
- 10 cl de crème fraîche liquide
- 150 g de chocolat blanc.

- Mixer finement les litchis jusqu'à obtention d'une pulpe.
- Porter la crème à ébullition sur feu moyen et faire fondre doucement le chocolat blanc au bain-marie. Verser progressivement la crème sur le chocolat tout en mélangeant afin d'obtenir une ganache homogène puis ajouter la pulpe de litchi.
- Pour préparer les coques des macarons, mélanger la poudre d'amande et le sucre glace dans un mixeur puis parfumer à convenance d'un peu d'eau de rose.
- À l'aide d'un batteur électrique, monter les blancs d'œufs en neige ferme. Lorsqu'ils commencent à prendre, ajouter le sucre en poudre en pluie et continuer à mélanger jusqu'à obtention d'une meringue ferme et aérée. Ajouter le colorant rouge.
- Verser la poudre d'amande mélangée au sucre glace et l'incorporer à l'aide d'une spatule en caoutchouc.
- Verser dans une poche à douille et former des petites boules de pâte d'environ 4 cm de diamètre sur une plaque à four recouverte de papier sulfurisé. Les laisser reposer 30 minutes au minimum.
- Faire cuire à 150-170 °C (th. 5-6) selon le four pendant 10 bonnes minutes. Laisser refroidir les coques.
- Lorsque les coques de macaron ont bien refroidi, appuyez du côté plat au centre des biscuits avec le pouce afin de les creuser légèrement.
- Garnir la moitié des coques de ganache au chocolat blanc et aux litchis.

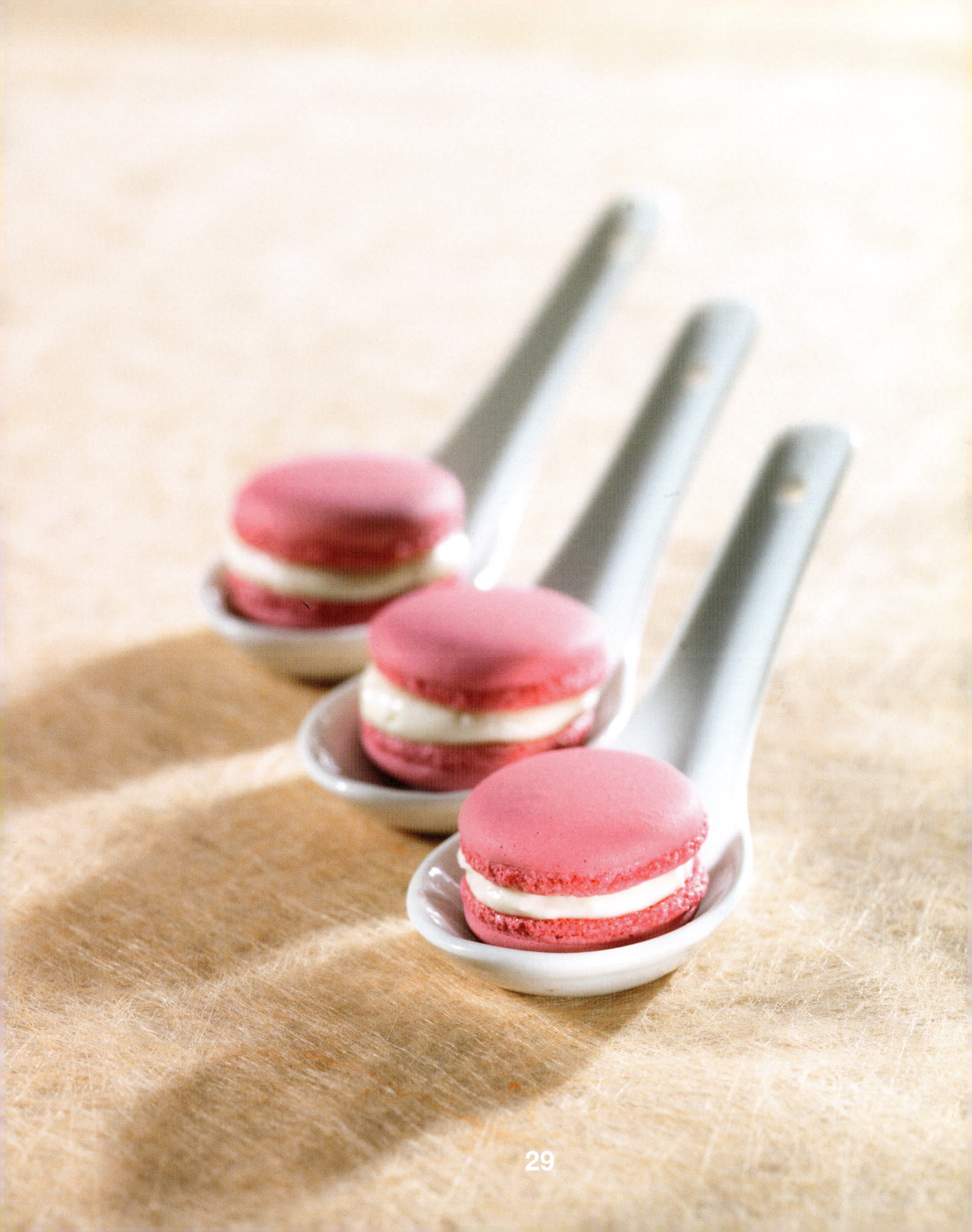

Macaron au lemon curd parfumé au thym

Pour 6 personnes
Difficile / Économique
Préparation : 1 heure 15 min.
Repos : 1 heure au minimum
Cuisson : 25 à 30 minutes

Ingrédients
- 150 g de poudre d'amande
- 150 g de sucre glace
- 4 blancs d'œufs
- 150 g de sucre en poudre
- Colorant alimentaire vert.

Pour le lemon curd
- Le jus de 4 citrons
- 200 g de sucre en poudre
- 150 g de beurre
- 1/2 cuil. à café de thym frais ou surgelé
- 4 œufs.

- Faire chauffer le jus de citron au bain-marie. Lorsqu'il commence à être chaud, ajouter le sucre en poudre.
- Lorsque le sucre est bien dissous, ajouter le beurre découpé en morceaux et le thym. Mélanger le tout.
- Battre les œufs en omelette puis les ajouter au lemon curd en veillant bien à ce que la température ne soit pas trop élevée afin que les œufs ne « cuisent » pas. Mélanger jusqu'à ce que la préparation épaississe.
- Réserver au réfrigérateur dans un récipient en verre.
- Préparer les macarons en employant la méthode de la meringue italienne (« pour pros »), p. 12, en ajoutant du colorant vert et former des boules de pâte d'environ 3 cm seulement sur une plaque à four couverte de papier sulfurisé. Les laisser reposer 30 minutes au minimum.
- Enfourner pour 10 minutes à 150-170 °C (th. 5-6).
- Garnir la moitié des coques refroidies de lemon curd et recouvrir de l'autre moitié. Réserver au réfrigérateur environ 30 minutes avant dégustation.

Macaron vert à la cerise

Pour 30 macarons
Difficile / Économique
Préparation : 1 heure
Repos : 1 heure au minimum
Cuisson : 45 minutes

Ingrédients
- 150 g de poudre d'amande
- 150 g de sucre glace
- 4 blancs d'œufs
- 150 g de sucre en poudre
- Colorant alimentaire vert.

Pour la garniture à la cerise
- 150 g de cerises dénoyautées
- 100 g de sucre pour confiture
- Une pincée d'anis en poudre (ou de l'anis en grain)
- 5 cl de jus de citron.

- Disposer les cerises et le sucre à confiture dans une casserole. Ajouter l'anis.
- Faire chauffer sur feu moyen et porter à ébullition. Bien mélanger tout en écrasant les fruits.
- Lorsque les fruits commencent à réduire, ajouter le jus de citron.
- Réserver au réfrigérateur le temps de la préparation des macarons.
- Garnir des coques à macarons, préparées selon la méthode « pour pros », p. 12, de confiture de cerises.
- Former les macarons et réserver au réfrigérateur au moins 30 minutes avant de déguster.

Note : n'oubliez pas d'ajouter du colorant alimentaire vert à la meringue italienne lors de la préparation.

Macaron au lemon curd parfumé au thym

Macarons sucrés

Coco le macaron

Pour 40 macarons
Moyenne / Économique
Préparation : 1 heure
Repos : 1 heure au minimum
Cuisson : 25 minutes

Ingrédients
- 125 g de poudre d'amande
- 30 g de cacao non sucré
- 200 g de sucre glace
- 3 beaux blancs d'œufs ou 4 petits
- 25 g de sucre en poudre.

Pour la ganache et la décoration
- 200 g de chocolat noir à pâtisser
- 20 cl de crème liquide
- 50 g de poudre de noix de coco.

- Préparer la ganache : faire fondre le chocolat au bain-marie. Faire chauffer la crème à part dans une petite casserole.
- Verser peu à peu la crème sur le chocolat et bien mélanger. Ajouter les trois quarts de la noix de coco et mélanger à nouveau.
- Lisser cette ganache et laisser tiédir.
- Commencer à mélanger la poudre d'amande, le cacao et le sucre glace dans un mixeur équipé d'une grande lame.
- Monter les blancs d'œufs en neige ferme. Lorsqu'ils commencent à prendre, ajouter le sucre en poudre en pluie et continuer à mélanger jusqu'à obtention d'une meringue ferme et aérée.
- Verser la poudre d'amande mélangée au sucre glace et l'incorporer à l'aide d'une spatule. Verser le mélange encore un peu liquide dans une poche à douille.
- Former des petites boules de pâte d'environ 5 cm de diamètre sur une plaque à four recouverte de papier sulfurisé. Les laisser reposer 30 minutes au minimum.
- Saupoudrer les macarons du reste de noix de coco.
- Enfourner pour 10 minutes environ à 150 °C (th. 5) et retourner la plaque au milieu de la cuisson. Laisser refroidir les coques environ 30 minutes.
- Déposer un peu de ganache sur la moitié des coques vides, en s'aidant d'une poche à douille si nécessaire, et couvrir du reste des coques.

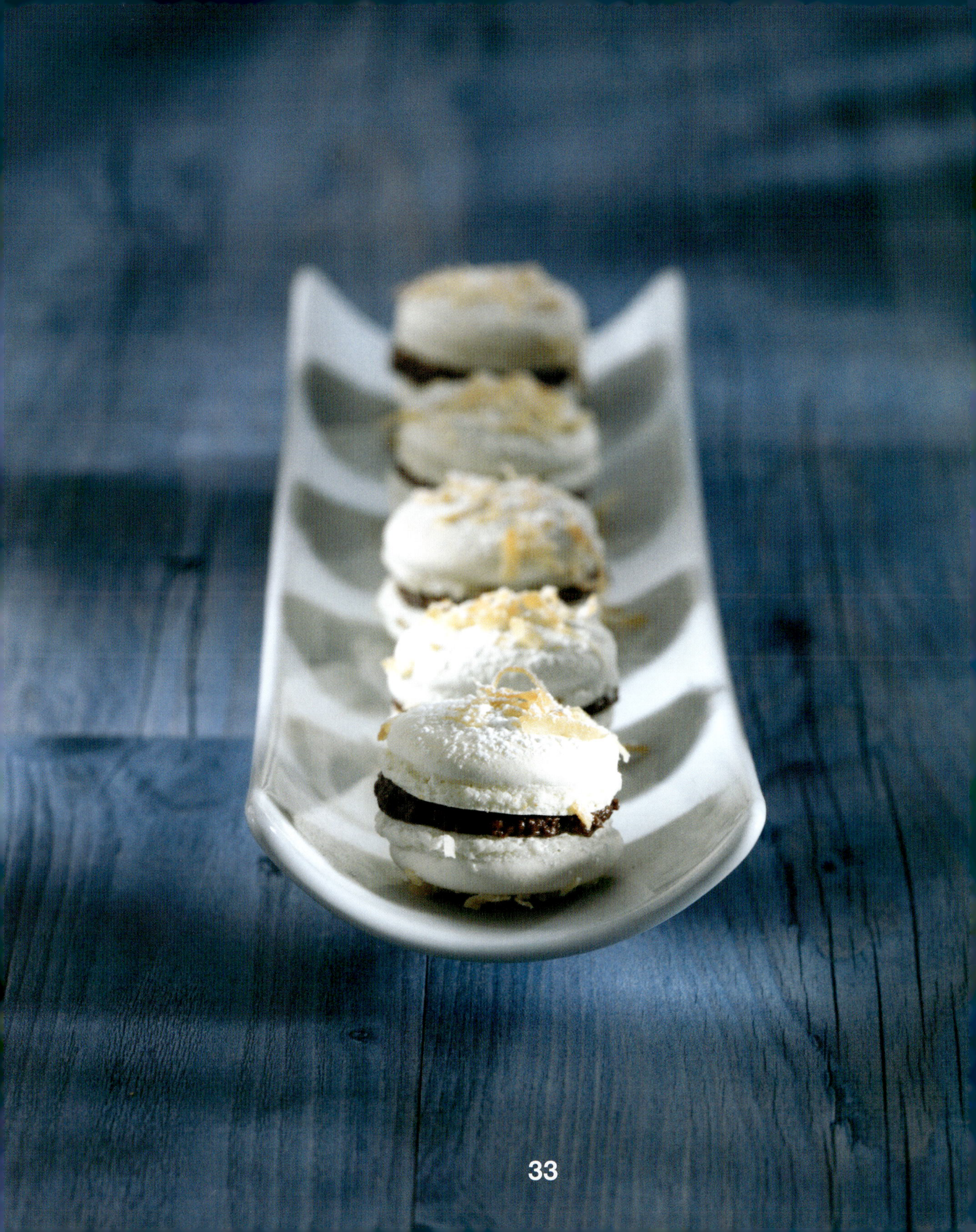

Macaron groseille et sucre glace

Pour 30 macarons
Difficile / Économique
Préparation : 1 heure
Repos : 30 minutes minimum
Cuisson : 10 à 15 minutes

Ingrédients
- 150 g de poudre d'amande
- 150 g de sucre glace
- 4 blancs d'œufs
- 150 g de sucre en poudre
- Quelques gouttes de colorant alimentaire rouge.

Pour la garniture
- Confiture de groseilles
- Sucre glace.

- Mélanger la poudre d'amande et le sucre glace dans un saladier. Tamiser bien le tout et réserver.
- Monter en neige 2 blancs d'œufs.
- Faire chauffer le sucre en poudre avec un peu d'eau dans une petite casserole. Augmenter doucement la température jusqu'à approcher 120 °C, le sucre ne doit pas caraméliser.
- Verser le sucre chaud dans les œufs en neige sans cesser de mélanger au batteur électrique. Ajouter un peu de colorant rouge jusqu'à obtenir une belle couleur rose foncé.
- Ajouter ensuite les 2 autres blancs d'œufs non montés au mélange de sucre glace et de poudre d'amande. Incorporer progressivement les blancs d'œufs battus en neige à cet appareil.
- Former des petites boules de pâte d'environ 5 cm de diamètre sur une plaque à four recouverte de papier sulfurisé. Les laisser reposer 30 minutes au minimum.
- Mettre au four pendant environ 12 minutes à 150 °C (th. 5).
- Laisser refroidir et garnir la moitié des coques de confiture de groseilles. Fermer chaque macaron avec une coque vide.
- Saupoudrer de sucre glace et réserver au frais au moins 30 minutes.

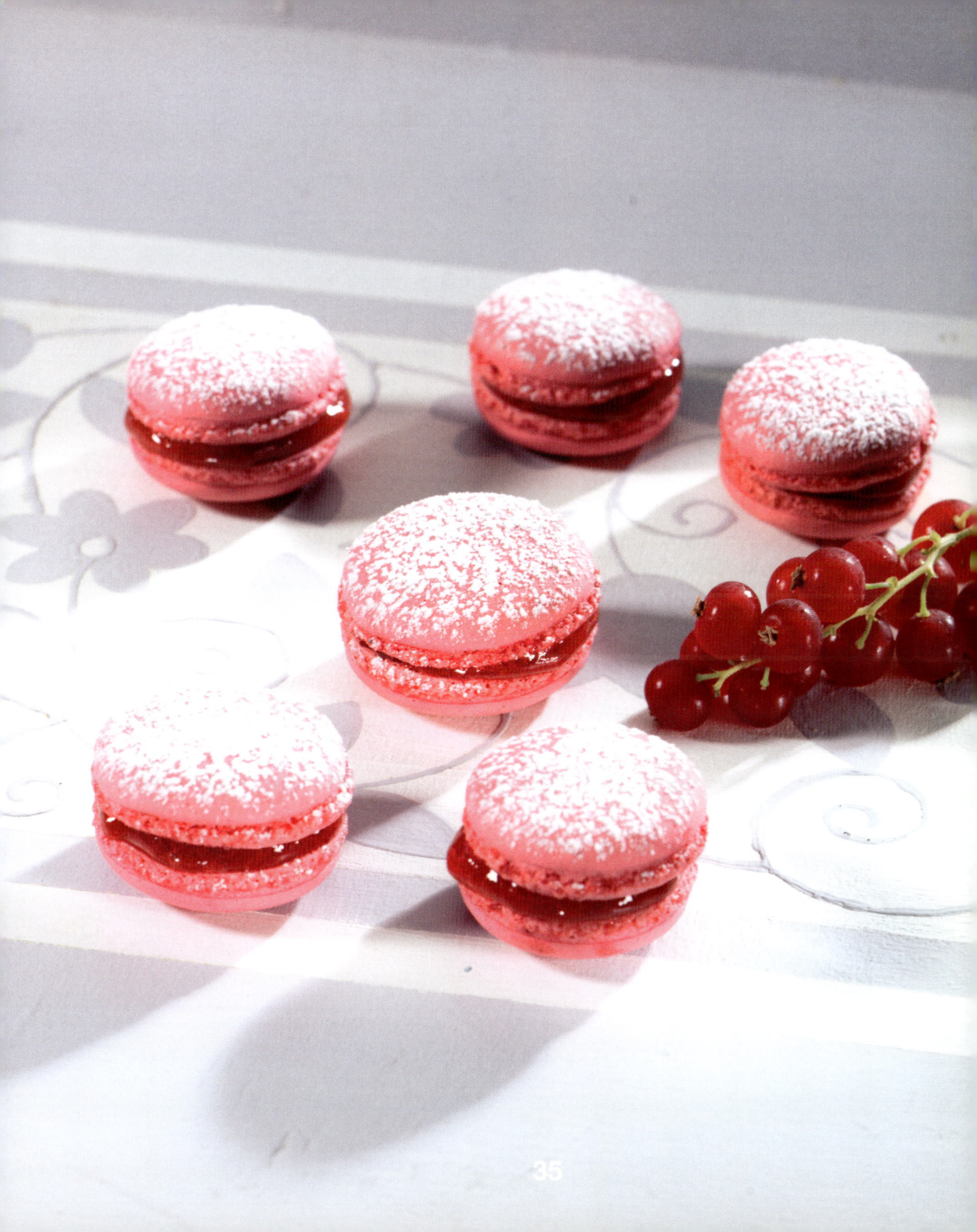

Macaron rouge à la gelée de menthe

Pour 30 à 40 macarons
Difficile / Économique
Préparation : 1 heure 15 min.
Repos : 1 heure minimum
Cuisson : 55 minutes

Ingrédients
- 150 g de poudre d'amande
- 150 g de sucre glace
- 4 blancs d'œufs
- 150 g de sucre en poudre
- Colorant alimentaire rouge.

Pour la gelée de menthe
- 150 g de feuilles et de tiges de menthe
- 750 g de sucre pour confiture.

- Laver, égoutter et effeuiller la menthe.
- Faire bouillir 1,5 l d'eau dans une grande marmite et y ajouter la menthe. Laisser chauffer à petits bouillons pendant environ 30 minutes.
- Réserver jusqu'à ce que le mélange ait bien refroidi. Mixer le tout et filtrer pour ne conserver que le jus.
- Placer le jus de menthe avec le sucre dans une marmite et porter à ébullition. Faire frémir pendant une bonne dizaine de minutes tout en remuant.
- Lorsque le jus commence à se figer et à devenir collant, arrêter la cuisson. Verser dans des pots à confiture stérilisés.
- Préparer des macarons (p. 10) en incorporant du colorant rouge à la meringue italienne afin que les coques soient d'un beau rouge vif.
- Faire cuire environ 10 à 12 minutes à 150 °C (th. 5) puis laisser refroidir. Garnir la moitié des coques de gelée de menthe et couvrir de l'autre moitié.
- Conserver au réfrigérateur au moins 30 minutes avant dégustation.

Macaron au kiwi et au mascarpone mousseux

Pour 30 à macarons
Moyenne / Raisonnable
Préparation : 1 heure
Repos : 3 heures minimum
Cuisson : 10 à 15 minutes

Ingrédients
- 125 g de poudre d'amande
- 200 g de sucre glace
- 3 beaux blancs d'œufs ou 4 petits
- 35 g de sucre en poudre
- 5 g de thé matcha en poudre

Pour la garniture
- 4 ou 5 kiwis
- 2 œufs
- 50 g de sucre de canne
- 100 g de mascarpone
- Sel.

- Préparer la garniture en premier : mixer les kiwis afin d'obtenir un coulis et le réserver au frais.
- Séparer les blancs des jaunes d'œufs. Faire blanchir les jaunes d'œufs avec le sucre de canne et monter les blancs en neige avec une pincée de sel.
- Incorporer le mascarpone aux jaunes d'œufs sucrés puis progressivement les blancs en neige. Réserver plusieurs heures au réfrigérateur afin que la mousse au mascarpone durcisse.
- Préparer les macarons selon la recette de base de son choix (pp. 10 à 12) en ajoutant le thé matcha à la meringue.
- Garnir la moitié des coques de macaron d'un peu de mousse au mascarpone et de coulis de kiwis puis refermer afin de former des macarons.

Macaron rouge à la gelée de menthe

Macaron matcha-fruits rouges

Pour 30 macarons
Difficile / Économique
Préparation : 1 heure 15 min.
Repos : 3 heures au minimum
Cuisson : 45 minutes

Ingrédients
- 125 g de poudre d'amande
- 200 g de sucre glace
- 3 beaux blancs d'œufs ou 4 petits
- 35 g de sucre en poudre
- 5 g de thé matcha en poudre.

Pour la garniture
- 2 jaunes d'œufs
- 50 g de sucre en poudre
- 12 cl de lait
- 2 cuil. à café de thé matcha en poudre
- 180 g de beurre
- Coulis de fruits rouges.

- Commencer par préparer la garniture en faisant blanchir les 2 jaunes d'œufs avec le sucre en poudre.
- Faire chauffer le lait et le thé vert en poudre. Verser le lait parfumé sur les œufs.
- Mettre cet appareil à chauffer sur feu doux tout en mélangeant sans cesse afin que le mélange épaississe.
- Ajouter progressivement le beurre découpé en morceaux et battre au fouet jusqu'à obtention d'un mélange crémeux et homogène. Réserver 1 ou 2 heures au réfrigérateur.
- Confectionner des macarons selon la recette de base « pour tous », p. 10, en n'oubliant pas d'ajouter le thé matcha en poudre à la meringue.
- Garnir la moitié des coques refroidies d'un peu de coulis de fruits rouges et de crème au thé. Former les macarons et mettre au frais 30 minutes au minimum.

Macaron oranger

Pour 30 macarons
Difficile / Raisonnable
Préparation : 1 heure
Repos : 1 heure minimum
Cuisson : 10 à 15 minutes

Ingrédients
- 150 g de poudre d'amande
- 150 g de sucre glace
- 4 blancs d'œufs
- 150 g de sucre en poudre
- Colorant alimentaire orange
- Eau de fleur d'oranger.

Pour la garniture
- 250 g de confiture d'orange
- 10 cl de liqueur d'orange
- 1/2 cuil. à café de cannelle en poudre.

- Faire chauffer la confiture sur feu moyen puis ajouter la liqueur et la cannelle. Mélanger jusqu'à ce que la préparation soit homogène.
- Préparer des macarons « pour pros » dont la meringue italienne sera colorée de quelques gouttes de colorant alimentaire orange et parfumée de fleur d'oranger.
- Après avoir fait cuire les coques une dizaine de minutes à 150 °C (th. 5), les laisser refroidir avant de les garnir de confiture à l'orange.
- Former les macarons et réserver au réfrigérateur au moins 30 minutes.

Macaron matcha-
fruits rouges

Macaron à la crème de nougat

Pour 30 macarons
Moyenne / Raisonnable
Préparation : 1 heure
Repos : 1 heure 30 minutes au minimum
Cuisson : 10 à 15 minutes

Ingrédients
- 125 g de poudre d'amande
- 225 g de sucre glace
- 3 beaux blancs d'œufs
- 30 g de sucre en poudre
- Colorant alimentaire vert.

Pour la garniture
- 200 g de mascarpone
- 100 g de crème de nougat.

- Commencer par travailler le mascarpone dans un saladier afin de le détendre. Ajouter la crème de nougat et mélanger intimement. Réserver au frais le temps de préparer les macarons.
- Mélanger la poudre d'amande et le sucre glace dans un mixeur.
- À l'aide d'un batteur électrique, monter les blancs d'œufs en neige ferme. Lorsqu'ils commencent à prendre, ajouter le sucre en poudre en pluie et bien mélanger. Additionner de quelques gouttes de colorant alimentaire jusqu'à ce que la meringue prenne une jolie couleur vert clair.
- Incorporer le tant pour tant. Lorsque le mélange et bien homogène, épais mais encore un peu liquide, le verser dans une poche à douille.
- Former des petites boules de pâte d'environ 4 cm de diamètre sur une plaque à four recouverte de papier sulfurisé. Les laisser reposer 30 minutes au minimum.
- Faire cuire 10 à 12 minutes dans un four préalablement chauffé à 150 °C (th. 5). Retourner la plaque au milieu de la cuisson si nécessaire.
- Lorsque la cuisson est terminée, laisser refroidir les coques de macaron.
- Garnir de la préparation à base de crème de nougat et couvrir des coques restantes. Placer au réfrigérateur au moins 1 heure afin que les macarons puissent prendre.

Conseil : *on trouve de la crème de nougat dans certaines épiceries fines ou confiseries artisanales. Vous pouvez la remplacer par des préparations du même genre, comme la crème de calissons.*

41

Macaron des Hespérides

Pour 30 macarons
Difficile / Raisonnable
Préparation : 1 heure 20 min
Repos : 14 heures minimum
Cuisson : 50 minutes

Ingrédients
- 125 g de poudre d'amande
- 200 g de sucre glace
- 3 beaux blancs d'œufs ou 4 petits
- 25 g de sucre en poudre
- Colorant alimentaire jaune ou orange.

Pour les oranges confites
- 2 oranges sanguines
- 50 g de sucre en poudre.

Pour la crème de pamplemousse
- 2 feuilles de gélatine
- 10 cl de jus de pamplemousse rose
- 200 g de crème fraîche liquide
- 1 bâton confit de cannelle
- 200 g de chocolat blanc
- Zestes de citron confit.

- Éplucher l'orange et retirer toutes les peaux blanches et amères qui entourent les quartiers. Découper ceux-ci en petits quartiers et les disposer dans une casserole.
- Ajouter le sucre et faire caraméliser à feu vif puis réserver.
- Dissoudre la gélatine dans un bol d'eau tiède.
- Dans une casserole, faire bouillir le jus de pamplemousse, la crème liquide et le bâton de cannelle. Retirer ensuite la cannelle et incorporer la gélatine hors du feu.
- Verser le tout sur le chocolat blanc préalablement fondu, ajouter les zestes de citron et bien mélanger. Réserver au réfrigérateur plusieurs heures.
- Ajouter le zeste fin de pamplemousse rose, puis laisser poser une nuit au réfrigérateur.
- Préparer les macarons selon la recette la plus simple (« pour tous »), p. 10, en ajoutant le colorant alimentaire et les garnir lorsqu'ils ont bien refroidi d'un peu d'oranges confites et de crème de pamplemousse.

43

Macarons sucrés

recette coup de cœur

Macaron pêche-lavande

Pour 30 macarons
Moyenne / Économique
Préparation : 50 minutes
Repos : 1 heure minimum
Cuisson : 10 à 15 minutes

Ingrédients
- 125 g de poudre d'amande
- 200 g de sucre glace
- 125 g de blancs d'œufs
- 30 g de sucre en poudre
- Colorant alimentaire orange
- Colorant alimentaire bleu.

Pour la garniture
- 250 g de confiture de pêches
- Quelques brins de lavande non traités.

- Faire chauffer la confiture à feu doux dans une petite casserole. Ajouter la lavande égrainée et laisser réduire.
- Lorsque la confiture a un peu épaissi, réserver au réfrigérateur.
- Mélanger la poudre d'amande et le sucre glace dans un mixeur.
- Monter les blancs d'œufs en neige ferme. Ajouter le sucre en poudre en pluie puis le colorant alimentaire orange. Incorporer aux œufs en neige la poudre d'amande mélangée au sucre glace.
- Lorsque le mélange est bien homogène, le verser dans une poche à douille.
- Former des petites boules d'environ 4 cm de diamètre sur une plaque à four recouverte de papier sulfurisé. Tremper une vieille brosse à dents dans le colorant alimentaire bleu pur et effectuer quelques projections sur les cercles de pâte. Les laisser reposer 30 minutes au minimum.
- Enfourner pour 10 à 12 minutes à 150 °C (th. 5). Laisser refroidir.
- Garnir de confiture de pêches à la lavande. Former les macarons et décorer de fleurs de lavande.

Macaron poire et crème de marrons

Pour 30 macarons
Moyenne / Raisonnable
Préparation : 1 heure
Repos : 1 heure minimum
Cuisson : 25 minutes

Ingrédients
- 150 g de poudre d'amande
- 150 g de sucre glace
- 4 blancs d'œufs
- 150 g de sucre en poudre
- Cassonade ou vergeoise.

Pour la garniture
- 25 g de beurre
- 2 poires
- 50 g de sucre en poudre
- 120 g de crème de marrons.

- Faire fondre le beurre dans une poêle et y faire dorer les poires épluchées et découpées en petits morceaux. Saupoudrer de sucre en poudre et faire caraméliser. Réserver au frais.
- Préparer les macarons selon la recette utilisant la meringue italienne (« pour pros »), p. 12.
- Saupoudrer de cassonade ou de vergeoise avant de mettre à cuire 12 minutes environ à 150 °C (th. 5).
- Garnir la moitié des coques à macarons, après les avoir laissées refroidir, de poires caramélisées.
- Ajouter un peu de crème de marrons au centre et refermer délicatement avec l'autre moitié des coques.
- Réserver au frais et sortir du réfrigérateur environ 30 minutes avant de déguster.

Macaron pêche-lavande

Macaron fraisier

recette vite fait !

Pour 30 macarons
Difficile / Raisonnable
Préparation : 1 heure
Repos : 1 heure minimum
Cuisson : 10 à 15 minutes

Ingrédients
- 125 g de poudre d'amande
- 200 g de sucre glace
- 3 beaux blancs d'œufs ou 4 petits
- 25 g de sucre en poudre
- Quelques gouttes de colorant alimentaire rouge.

Pour la garniture
- 25 cl de crème fraîche liquide
- 60 g de sucre en poudre
- 1 sachet de sucre vanillé
- 20 fraises.

- Commencer par mélanger la poudre d'amande et le sucre glace dans un mixeur.
- Monter les blancs d'œufs en neige ferme. Lorsqu'ils commencent à prendre, ajouter le sucre en poudre en pluie puis les gouttes de colorant alimentaire et continuer à mélanger jusqu'à obtention d'une meringue ferme et aérée.
- Verser la poudre d'amande mélangée au sucre glace et l'incorporer à l'aide d'une spatule. Lorsque le mélange est bien homogène, épais mais encore un peu liquide, le verser dans une poche à douille.
- Former des petites boules de pâte d'environ 4 cm de diamètre sur une plaque à four recouverte de papier sulfurisé. Les laisser reposer 30 minutes au minimum.
- Enfourner pour 10 minutes environ à 150 °C (th. 5) et retourner la plaque en milieu de cuisson. Laisser refroidir les coques.
- Monter la crème fraîche bien froide et mélangée aux sucres en crème Chantilly bien ferme.
- Laver puis équeuter les fraises. Les découper ensuite en petits morceaux.
- Garnir la moitié des macarons d'un peu de crème Chantilly, ajouter des petits morceaux de fraises et refermer avec l'autre moitié des coques.

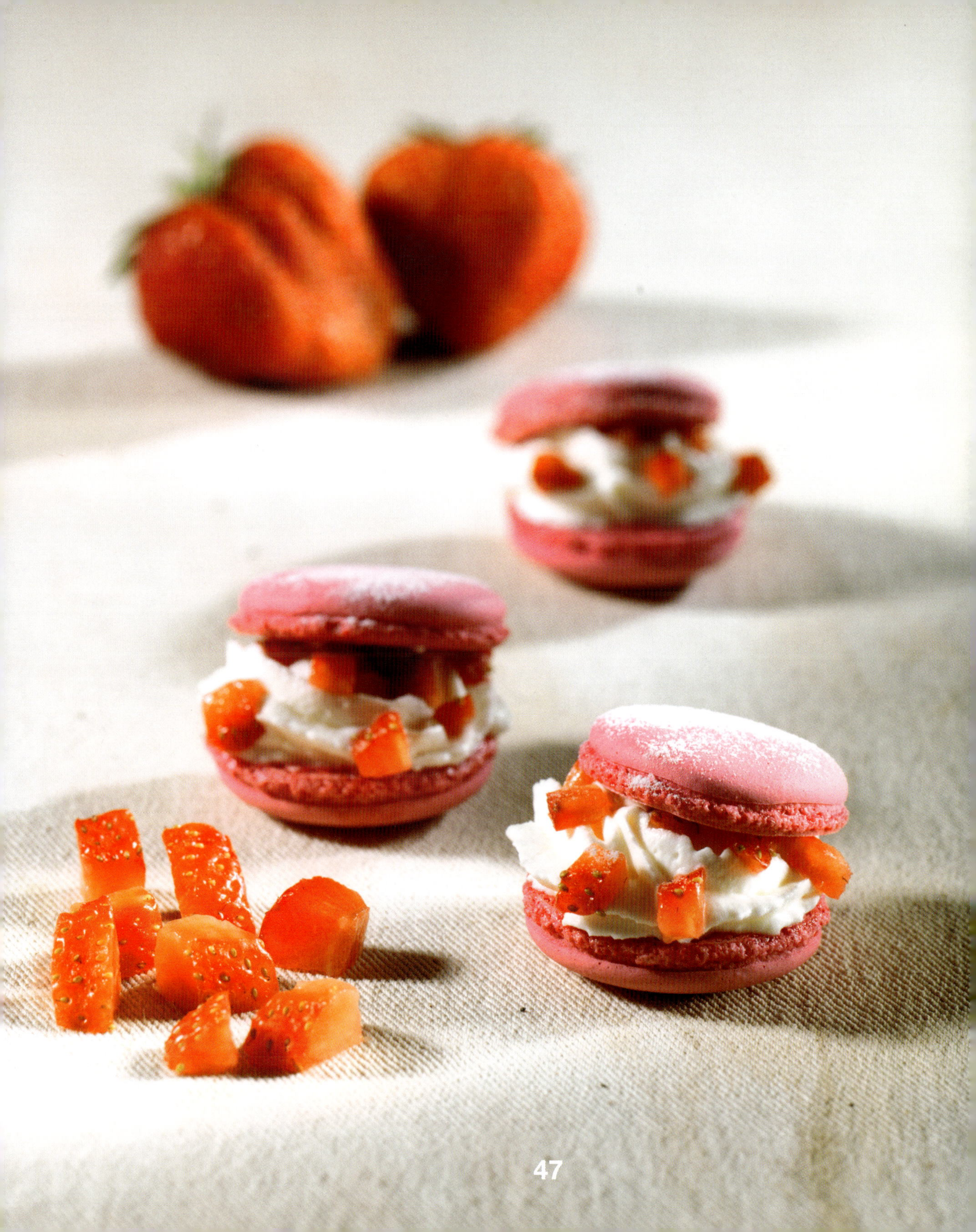

Macaron nostalgique à la barbe à papa et aux violettes en sucre

Pour 30 macarons
Moyenne / Raisonnable
Préparation : 50 minutes
Repos : 1 heure minimum
Cuisson : 10 à 15 minutes

Ingrédients
- 125 g de poudre d'amande
- 200 g de sucre glace
- 125 g de blancs d'œufs
- 30 g de sucre en poudre
- Colorant alimentaire rouge.

Pour la garniture
- 250 g de mascarpone
- 7 cl de sirop à la barbe à papa
- Une trentaine de violettes cristallisées.

- Verser le mascarpone dans un saladier et le travailler à l'aide d'un fouet pour le détendre. Ajouter le sirop de barbe à papa et mélanger jusqu'à obtenir une crème homogène. Réserver au réfrigérateur.
- Pour la préparation des macarons, mixer la poudre d'amande et le sucre glace.
- À l'aide d'un batteur électrique, monter les blancs d'œufs en neige ferme. Lorsqu'ils commencent à prendre, ajouter le sucre en poudre en pluie. Verser quelques gouttes de colorant alimentaire afin d'obtenir une meringue rose se rapprochant de la couleur de la barbe à papa.
- Incorporer la poudre d'amande mélangée au sucre glace. Lorsque le mélange est bien homogène, le verser dans une poche à douille.
- Former des petites boules de pâte de 4 à 5 cm de diamètre sur une plaque à four recouverte de papier sulfurisé. Les laisser reposer 30 minutes au minimum.
- Enfourner pour 10 à 12 minutes à 150 °C (th. 5). Laisser refroidir.
- Creuser légèrement les coques avec le pouce puis en garnir la moitié de crème à la barbe à papa.
- Piler les violettes cristallisées afin d'obtenir des éclats. Disposer des morceaux sur la garniture et en garder pour la décoration.
- Former des macarons et parsemer des éclats de violettes restants.

Note : *si les violettes cristallisées sont des spécialités traditionnelles (la fameuse violette de Toulouse), le sirop de barbe à papa est dû aux innovations de célèbres marques de sirops qui ne cessent de commercialiser des parfums étonnants.*

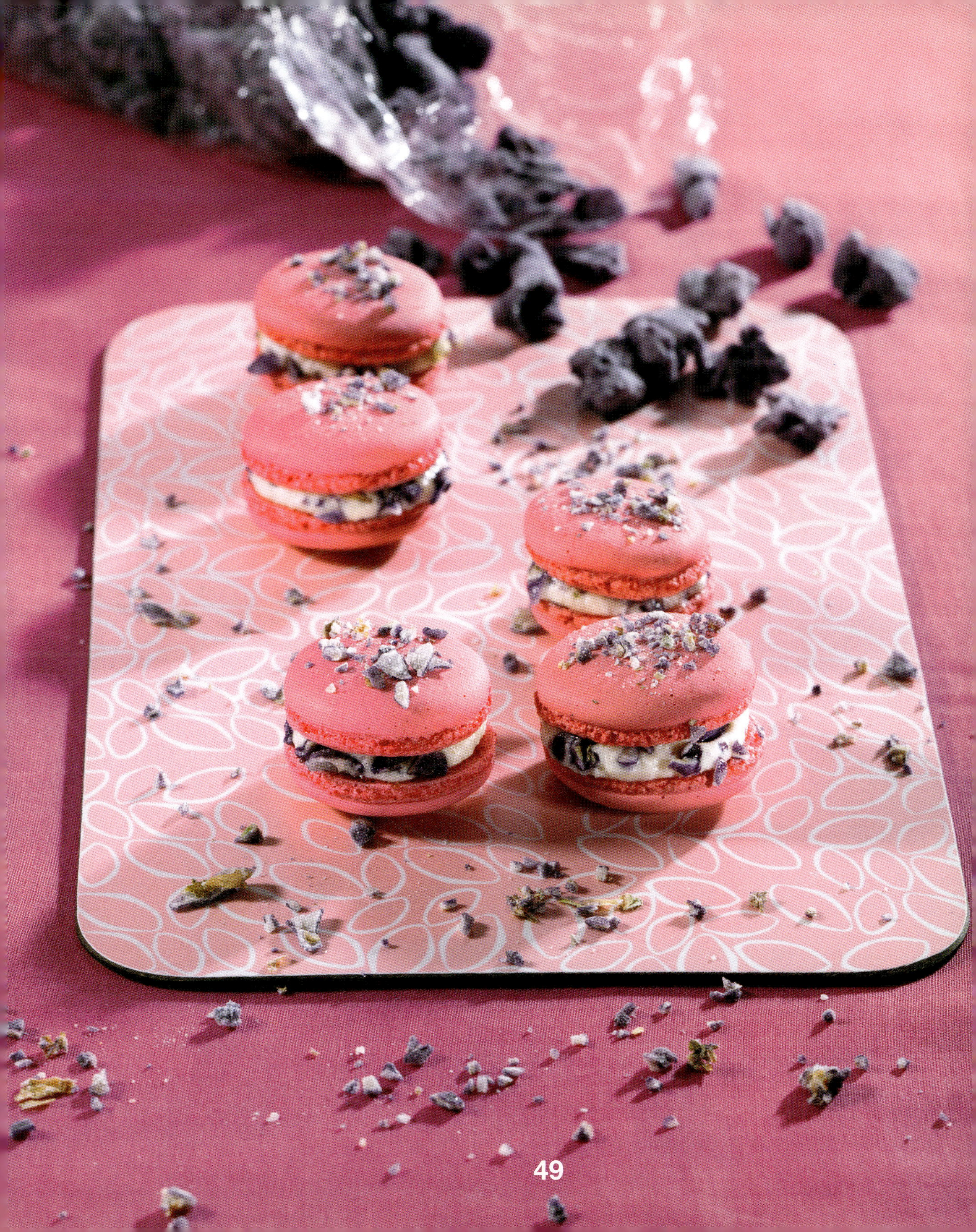

Mangue des îles

Pour 40 macarons
Moyenne / Raisonnable
Préparation : 50 minutes
Repos : 1 heure minimum
Cuisson : 35 minutes

Ingrédients
- 125 g de poudre d'amande
- 200 g de sucre glace
- 125 g de blancs d'œufs
- 30 g de sucre en poudre
- Colorant alimentaire jaune
- 1 gousse de vanille.

Pour la garniture
- 1 mangue
- 80 g de sucre en poudre
- 20 g de sucre pour confiture
- 1 bâton de cannelle
- 1 morceau de gingembre frais.

- Éplucher et découper la mangue en morceaux. Faire fondre les dés de fruits dans une petite casserole, sur feu moyen, avec les deux sortes de sucre, le bâton de cannelle, le gingembre épluché et haché.
- Laisser cuire 20 minutes environ puis réserver au frais.
- Préparer des macarons « pour tous », p. 10. Après avoir battu les blancs en neige, ajouter quelques gouttes de colorant alimentaire jaune. Ajouter les graines de vanille au tant pour tant.
- Après avoir fait cuire des macarons d'environ 3 cm, les laisser refroidir avant de les garnir de confiture de mangue au gingembre.

Macaron choco-piment

Pour 30 macarons
Moyenne / Économique
Préparation : 1 heure
Repos : 1 heure minimum
Cuisson : 35 minutes

Ingrédients
- 125 g de poudre d'amande
- 200 g de sucre glace
- 125 g de blancs d'œufs
- 30 g de sucre en poudre
- Colorant alimentaire noir-caramel.

Pour la garniture
- 150 g de chocolat à 72 % de cacao
- Piment en poudre
- 10 cl de crème fraîche liquide
- Piment d'Espelette.

- Faire chauffer le chocolat au bain-marie avec du piment en poudre à convenance ou 1 piment séché.
- Porter la crème à ébullition, retirer éventuellement le piment séché puis incorporer la crème fraîche au chocolat à l'aide d'une spatule. Bien mélanger jusqu'à ce que la ganache soit lisse et homogène.
- Réserver au réfrigérateur.
- Préparer les macarons selon la recette « pour tous », p. 10, en n'oubliant pas de verser quelques gouttes de colorant alimentaire dans la meringue pour obtenir une belle couleur marron foncé.
- Garnir la moitié des coques refroidies de ganache pimentée puis refermer les macarons avec l'autre moitié.
- Décorer de piment d'Espelette en poudre.

Mangue des îles

Macaron Masala

Pour 30 à 40 macarons
Difficile / Économique
Préparation : 1 heure
Repos : 1 heure minimum
Cuisson : 35 minutes

Ingrédients
- 125 g de poudre d'amande
- 200 g de sucre glace
- 125 g de blancs d'œufs
- 30 g de sucre en poudre
- 1 cuil. à café de mélange d'épices en poudre
- Quelques gouttes de colorant noir-caramel.

Pour la garniture
- 20 cl de lait
- 1 gousse de vanille
- 2 œufs
- 75 g de sucre en poudre
- 1 cuil. à soupe de fécule de maïs.

- Faire bouillir le lait avec la vanille égrainée.
- Dans un saladier, faire blanchir les œufs avec le sucre et la fécule de maïs. Verser le lait chaud sur les œufs blanchis.
- Remettre la préparation dans une casserole et faire chauffer. Laisser épaissir en remuant la crème régulièrement. Réserver au réfrigérateur le temps de préparer les macarons.
- Préparer les macarons en suivant la recette « pour tous », p. 10, en n'oubliant pas d'incorporer le mélange d'épices et le colorant à la meringue.
- Lorsque les macarons sont cuits, fourrer avec la crème à la vanille.

Verrine aux macarons

Pour 6 personnes
Facile / Économique
Préparation : 20 minutes

Ingrédients
- 200 g de mascarpone
- 20 cl de crème fraîche liquide
- 30 g de sucre glace
- 12 coques de macaron de plusieurs couleurs
- 150 g de fruits rouges : framboises, mûres, fraises des bois.

- Mélanger le mascarpone dans un saladier avec la crème fraîche liquide puis monter le tout en une sorte de chantilly à l'aide d'un batteur électrique. Continuer à faire monter la crème tout en ajoutant le sucre glace.
- Briser grossièrement les coques de macaron et en disposer un peu au fond de 6 verrines en mélangeant les couleurs.
- Ajouter quelques fruits rouges lavés et découpés en petits morceaux. Couvrir de chantilly au mascarpone et surmonter d'encore quelques brisures de macarons.

Macaron
Masala

Macaron au pain d'épice et au safran

Pour 30 macarons
Difficile / Raisonnable
Préparation : 1 heure 15 min
Repos : 1 heure au minimum
Cuisson : 1 heure

Ingrédients
- 125 g de poudre d'amande
- 200 g de sucre glace
- 3 beaux blancs d'œufs
- 25 g de sucre en poudre.

Pour la garniture et la décoration
- 100 g de sucre en poudre
- Une pincée de safran très parfumé
- 5 jaunes d'œufs
- 250 g de beurre en pommade
- 4 ou 5 tranches de pain d'épice.

- Faire chauffer le sucre dans une casserole avec 10 cl d'eau. Ajouter le safran et porter à ébullition. Nettoyer les parois de la casserole pour supprimer les projections.
- Verser sur les jaunes d'œufs préalablement battus en omelette. Bien mélanger jusqu'à obtention d'un appareil mousseux et léger.
- Incorporer progressivement au beurre. Ajouter un peu de safran si nécessaire. Réserver au frais.
- Faire sécher le pain d'épice au four à basse température pendant environ 30 minutes puis le réduire en poudre fine dans un mixeur ou un hachoir électrique.
- Mélanger ensuite la poudre d'amande et le sucre glace afin de préparer les macarons.
- À l'aide d'un batteur électrique, monter les blancs d'œufs en neige ferme. Ajouter le sucre en poudre en pluie et continuer à mélanger jusqu'à obtention d'une meringue ferme et aérée.
- Incorporer le sucre glace et la poudre d'amande. Lorsque le mélange est bien homogène, verser dans une poche à douille.
- Former des boules de pâte d'environ 4 cm de diamètre sur une plaque à four recouverte de papier sulfurisé. Saupoudrer uniformément les macarons de poudre de pain d'épice jusqu'à les recouvrir tout entier. Les laisser reposer 30 minutes au minimum.
- Retirer l'excédent de poudre tombée autour des macarons puis mettre au four à 150 à 170 °C (th. 5-6) pendant environ 12 minutes.
- Lorsque les coques de macaron ont bien refroidi, en garnir la moitié de crème au beurre safranée et refermer avec l'autre moitié.

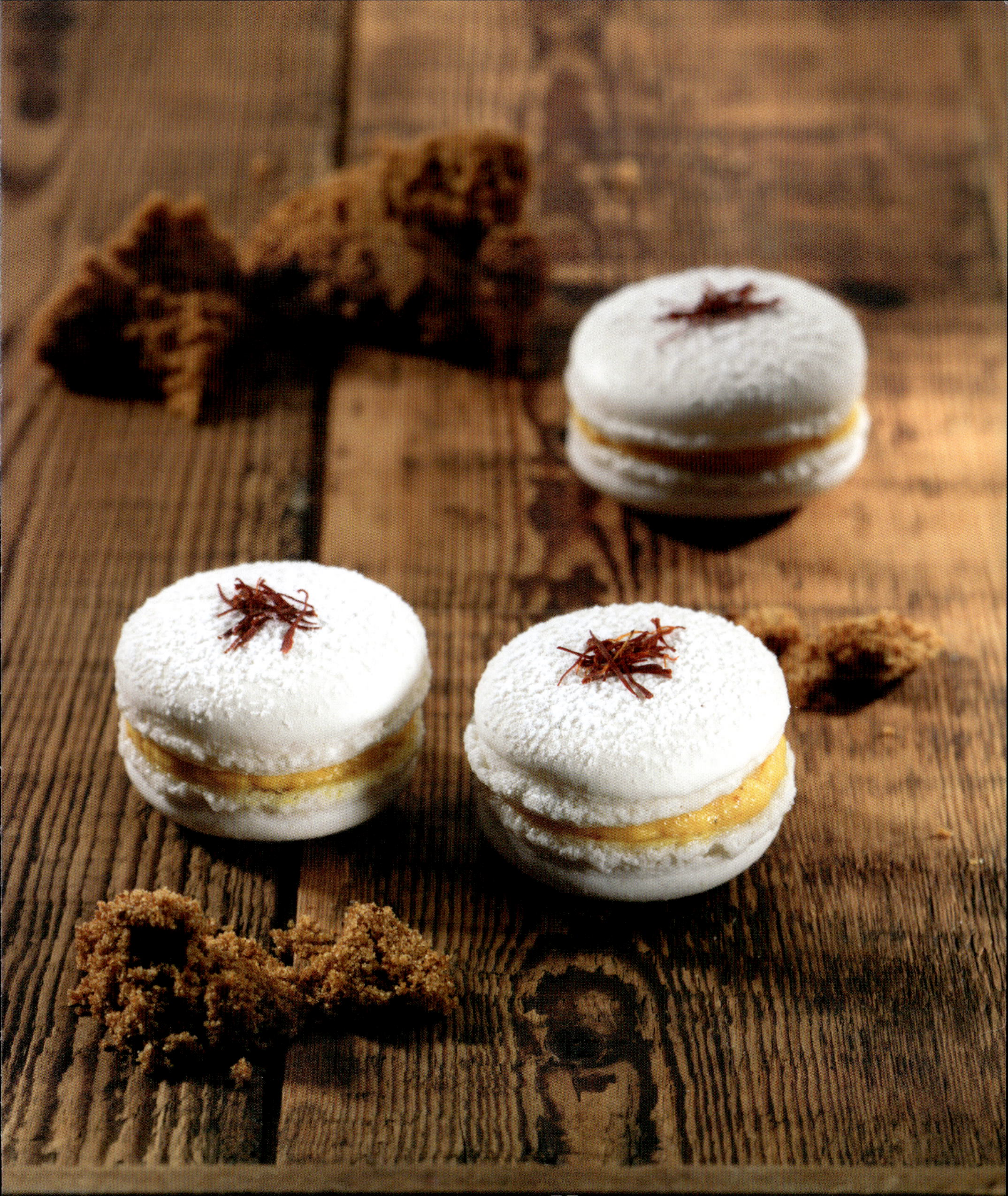

Macaron rose-pistache

Pour 30 macarons
Difficile / Économique
Préparation : 1 heure
Repos : 1 heure minimum
Cuisson : 25 minutes

Ingrédients
- 125 g de poudre d'amande
- 200 g de sucre glace
- 125 g de blancs d'œufs
- 30 g de sucre en poudre
- Eau de rose
- Colorant alimentaire rouge.

**Pour la ganache
à la pistache**
- 150 g de chocolat blanc
- 12 cl de crème fraîche liquide
- 50 g de pâte de pistache
- 50 g de sucre glace
- 25 g de beurre en pommade.

- Faire chauffer le chocolat blanc au bain-marie et porter la crème fraîche à ébullition avec la pâte de pistache et le sucre glace.
- Verser la crème à la pistache sur le chocolat et mélanger à l'aide d'une spatule. Hors du feu, ajouter peu à peu le beurre découpé en morceaux.
- Réserver au frais et préparer les macarons selon la recette la plus simple, sans meringue italienne (p. 10).
- Après avoir monté les blancs en neige avec le sucre en poudre, ajouter un peu d'eau de rose pour parfumer puis quelques gouttes de colorant alimentaire rouge afin que la meringue devienne rose.
- Former des macarons de 3 à 4 cm de diamètre et les laisser cuire 10 à 12 minutes à 150 °C (th. 5).
- Lorsqu'ils ont bien refroidi, les garnir de crème à la pistache.

Note : on peut préparer soi-même sa pâte de pistache en réduisant les pistaches en poudre et en les incorporant hors du feu à un sirop de sucre chaud. La pâte peut être adoucie par l'ajout de poudre d'amande.

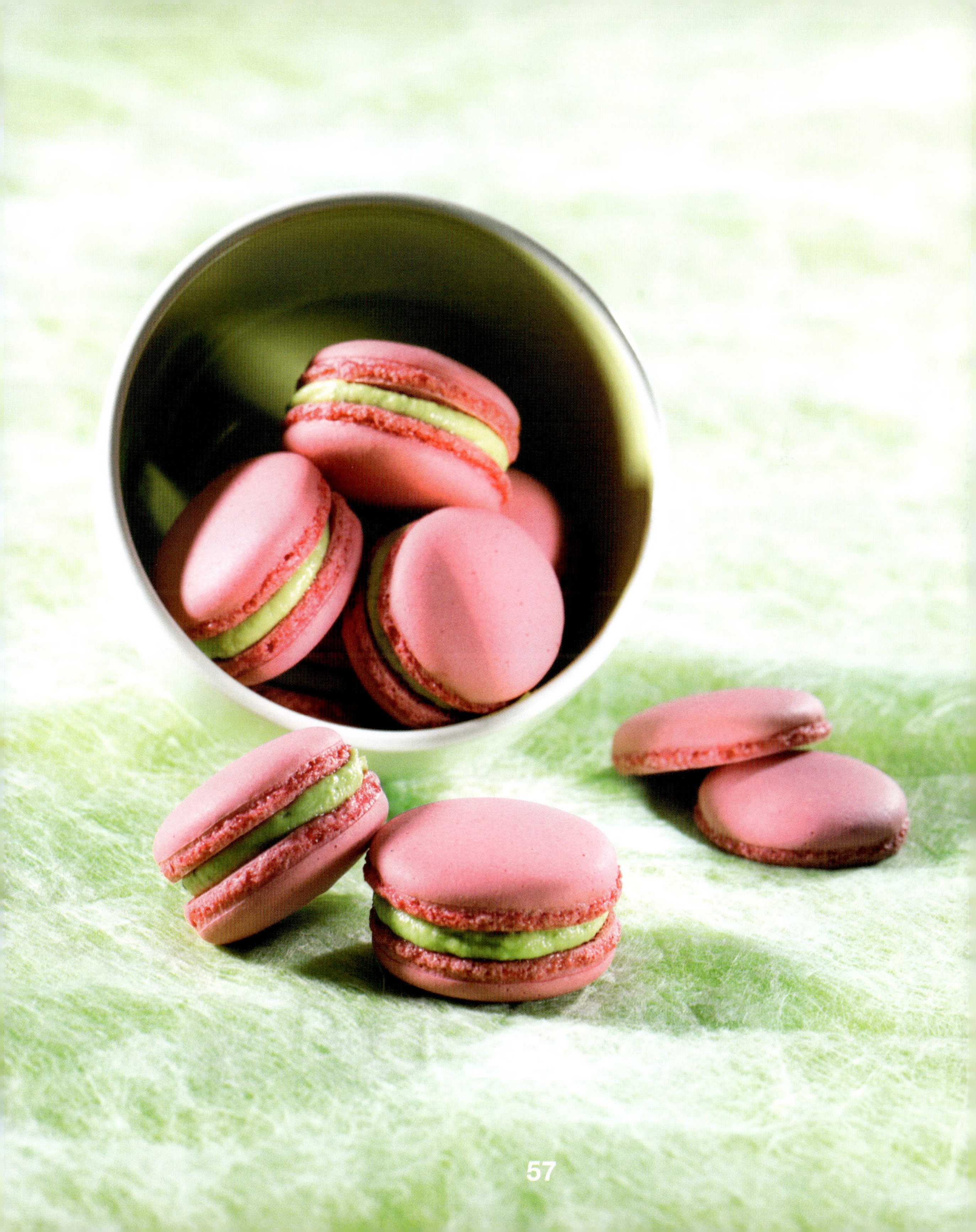

Macaron « trésor »
à la mousse de mangue poivrée

Pour 30 macarons
Difficile / Raisonnable
Préparation : 1 heure 20 min
Repos : 3 heures au minimum
Cuisson : 25 minutes

Ingrédients
- 150 g de poudre d'amande
- 150 g de sucre glace
- 4 blancs d'œufs
- 150 g de sucre en poudre
- Colorant alimentaire « jaune or ».

Pour la mousse de mangue
- 2 blancs d'œufs
- 50 g de sucre en poudre
- 10 cl de crème fraîche liquide
- 150 g de compote de mangues
- 2 feuilles de gélatine
- Sel, poivre long.

- Battre les blancs d'œufs en neige avec une pincée de sel.
- Faire chauffer doucement le sucre avec un peu d'eau sans faire caraméliser.
- Verser le sucre fondu sur les blancs d'œufs afin d'obtenir une meringue italienne puis réserver au frais.
- Battre la crème fraîche liquide très froide afin d'obtenir une chantilly.
- Faire chauffer un peu de compote de mangue dans une petite casserole et y faire fondre la gélatine préalablement ramollie dans un peu d'eau froide. Assaisonner de poivre long moulu.
- Une fois la gélatine dissoute, placer hors du feu et mélanger avec le reste de mangue.
- Incorporer progressivement la chantilly puis les œufs en neige.
- Placer plusieurs heures au réfrigérateur afin que la mousse prenne.
- Pendant ce temps, réaliser les macarons selon la méthode utilisant de la meringue italienne. Verser dans la meringue quelques gouttes de colorant alimentaire doré.
- Après une dizaine de minutes de cuisson, laisser refroidir les coques et les creuser légèrement à l'intérieur avec le pouce.
- Garnir la moitié des coques de mousse de mangue et couvrir de l'autre moitié.
- Réserver quelque temps au frais avant de déguster.

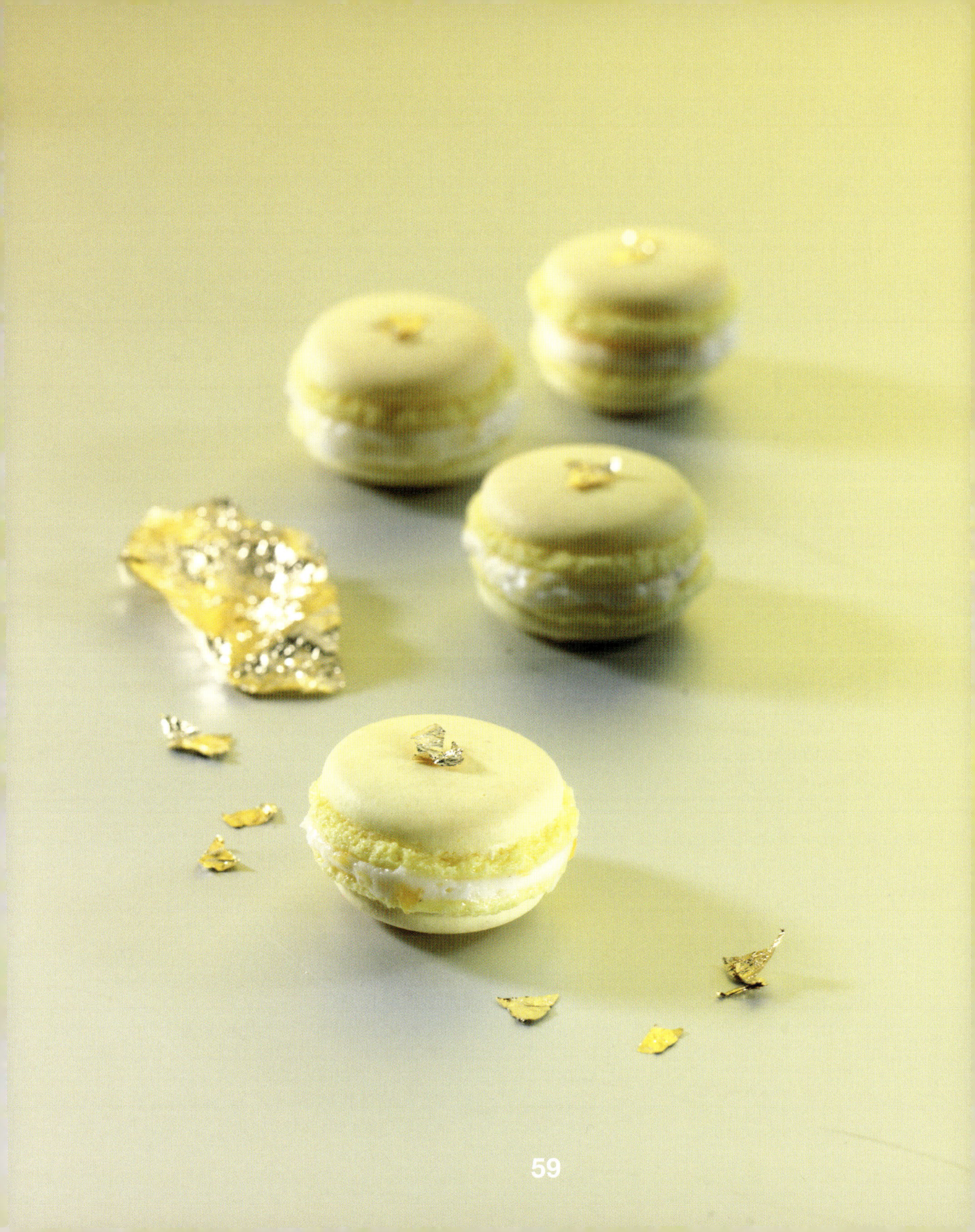

Macaron figues et chèvre frais

Pour 30 macarons
Moyenne / Raisonnable
Préparation : 1 heure 15 min.
Repos : 1 heure au minimum
Cuisson : 25 minutes

Ingrédients
- 125 g de poudre d'amande
- 200 g de sucre glace
- 3 beaux blancs d'œufs ou 4 petits
- 25 g de sucre en poudre.

Pour la garniture
- 6 belles figues
- 1 noisette de beurre
- 3 cuil. à soupe de miel
- 1 petit chèvre frais
- 1 cuil. à soupe d'huile d'olive
- 10 cl de crème fraîche liquide.

- Laver et essuyer les figues puis les découper en tranches avant de les faire revenir dans un peu de beurre et de miel. Faire doucement caraméliser puis réserver.
- Écraser le fromage de chèvre arrosé de l'huile d'olive à la fourchette. Monter la crème fraîche en chantilly.
- Incorporer délicatement le fromage frais à la chantilly puis réserver au réfrigérateur.
- Préparer les macarons selon la recette « pour tous », p. 10, et les laisser refroidir après en avoir creusé l'intérieur avec le pouce.
- Garnir de mousse de chèvre et d'un peu de figues au miel la moitié des coques de macaron puis les refermer avec l'autre moitié.
- Entreposer au réfrigérateur environ 30 minutes avant de servir.

Macaron à la crème de sésame

Pour 30 à 40 macarons
Difficile / Économique
Préparation : 1 heure 15 min.
Repos : 2 heures 30 minutes
Cuisson : 10 à 15 minutes

Ingrédients
- 150 g de poudre d'amande
- 150 g de sucre glace
- 4 blancs d'œufs
- 150 g de sucre en poudre.

Pour la garniture
- 80 g de beurre en pommade
- 80 g d'amandes en poudre
- 50 g de sucre en poudre
- Eau de fleur d'oranger
- 20 g de tahini
- Graines de sésame.

- Mélanger le beurre en pommade avec les amandes en poudre et le sucre en poudre. Ajouter quelques gouttes d'eau de fleur d'oranger et bien mélanger.
- Incorporer le tahini et mixer jusqu'à ce que le mélange soit bien homogène. Réserver au réfrigérateur le temps de préparer les macarons.
- Réaliser des coques de macarons selon la recette utilisant la meringue italienne, p. 12, macarons « pour pros ».
- Former des boules de pâte d'environ 4 cm sur une plaque à four recouverte de papier sulfurisé. Les laisser reposer 30 minutes au minimum.
- Saupoudrer de quelques graines de sésame et mettre à cuire à 150 °C (th. 5) pendant environ 12 minutes. Lorsque les coques sont cuites, sortir du four et laisser refroidir.
- Garnir la moitié des coques de crème de sésame et recouvrir avec l'autre moitié. Réserver au réfrigérateur 1 ou 2 heures avant de servir.

Macaron figues et chèvre frais

Macaron à l'avocat

recette vite fait !

Pour 30 macarons
Moyenne / Économique
Préparation : 50 minutes
Repos : 1 heure minimum
Cuisson : 10 à 15 minutes

Ingrédients
- 125 g de poudre d'amande
- 200 g de sucre glace
- 3 beaux blancs d'œufs ou 4 petits
- 25 g de sucre en poudre
- Quelques gouttes de colorant vert
- Piment d'Espelette.

Pour la garniture
- 150 g de chair d'avocat
- 1/2 citron
- Quelques brins de coriandre
- 10 cl de crème fraîche liquide
- Sel, poivre.

- Saler, poivrer l'avocat. Ajouter le jus de citron et la coriandre puis passer le tout au mixeur.
- Fouetter la crème au batteur électrique et l'incorporer à la crème d'avocat. Réserver au réfrigérateur.
- Mélanger la poudre d'amande et le sucre glace à l'aide d'un mixeur.
- Monter les blancs d'œufs en neige ferme. Lorsqu'ils commencent à prendre, ajouter le sucre en poudre en pluie et bien mélanger. Ajouter le colorant vert, continuer à mélanger jusqu'à obtention d'une meringue ferme et aérée.
- Verser la poudre d'amande mélangée au sucre glace et l'incorporer avec une spatule. Verser la préparation dans une poche à douille.
- Former des petites boules de pâte d'environ 4 cm de diamètre sur une plaque à four recouverte de papier sulfurisé. Les laisser reposer 30 minutes au minimum. Saupoudrer d'un peu de poudre de piment d'Espelette.
- Enfourner pour 10 à 12 minutes à 150 °C (th. 5).
- Lorsque les coques ont bien refroidi, garnir d'un peu de guacamole et couvrir des coques restantes afin de former des macarons.

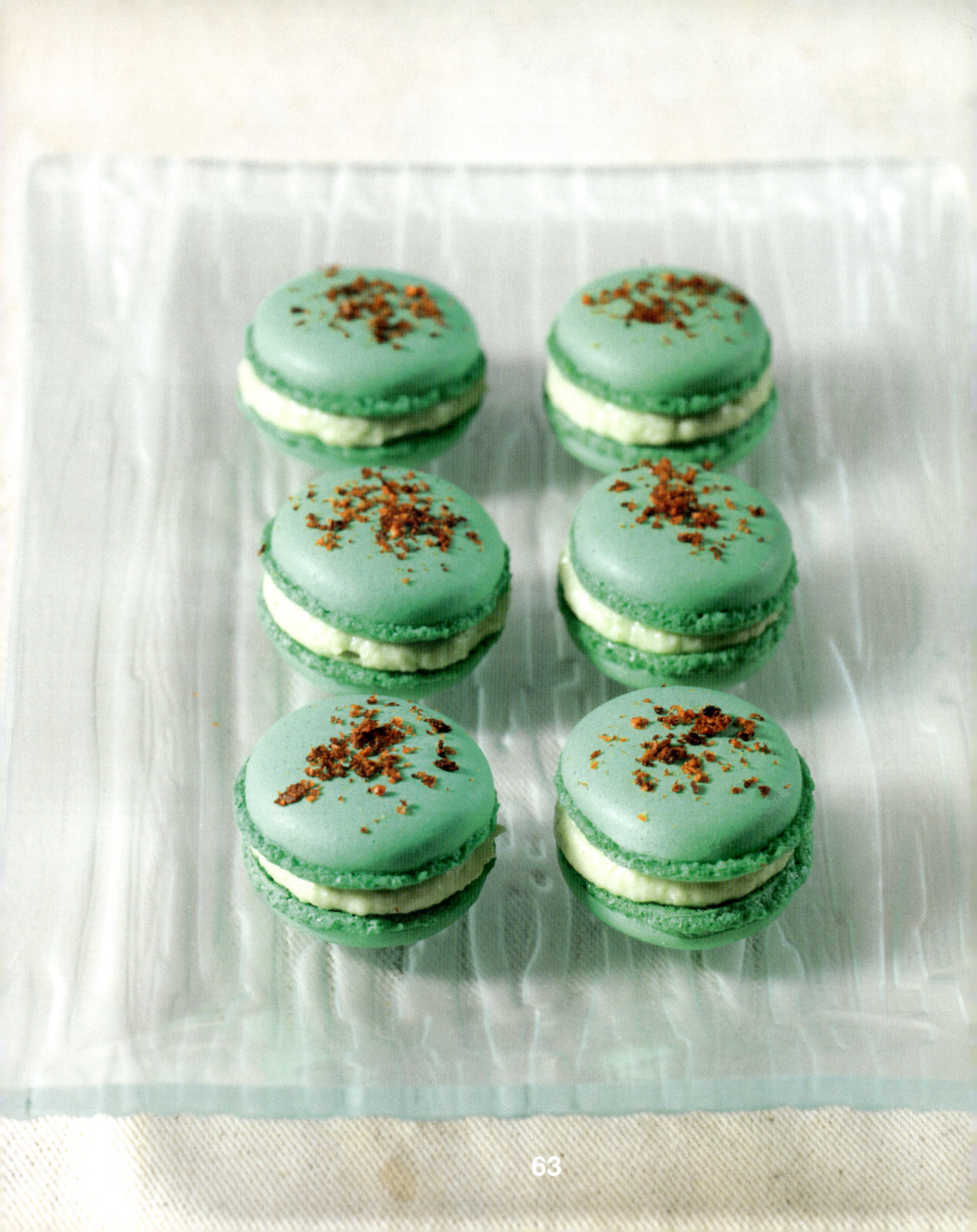

Macaron à l'houmous citronné

Pour 35 macarons
Moyenne / Économique
Préparation : 50 minutes
Repos : 2 heures 30 minutes
Cuisson : 10 à 15 minutes

Ingrédients
- 120 g de poudre d'amande
- 180 g de sucre glace
- 120 g de blancs d'œufs
- 20 g de sucre en poudre.

Pour l'houmous
- 400 g de pois chiches
- 5 cl d'huile d'olive
- 1/2 cuil. à café de menthe séchée
- 10 cl de jus de citron
- 2 gousses d'ail.

- Mixer les pois chiches avec l'huile d'olive jusqu'à obtention d'une pâte lisse. Ajouter la menthe et le jus de citron et mixer à nouveau.
- Incorporer l'ail passé au presse-ail et bien mélanger. Réserver au réfrigérateur 1 ou 2 heures au minimum.
- Mélanger la poudre d'amande et le sucre glace dans un mixeur.
- Monter les blancs d'œufs en neige ferme. Lorsqu'ils commencent à prendre, ajouter le sucre en poudre en pluie et bien mélanger.
- Incorporer le tant pour tant et bien mélanger. Verser cette préparation dans une poche à douille.
- Former des boules de pâte de 3 à 4 cm de diamètre sur une plaque à four recouverte de papier sulfurisé. Les laisser reposer 30 minutes au minimum.
- Faire cuire 10 à 12 minutes dans un four préalablement chauffé à 150 °C (th. 5). Retourner la plaque au milieu de la cuisson si nécessaire.
- Laisser refroidir les coques de macaron à température ambiante et garnir d'houmous.

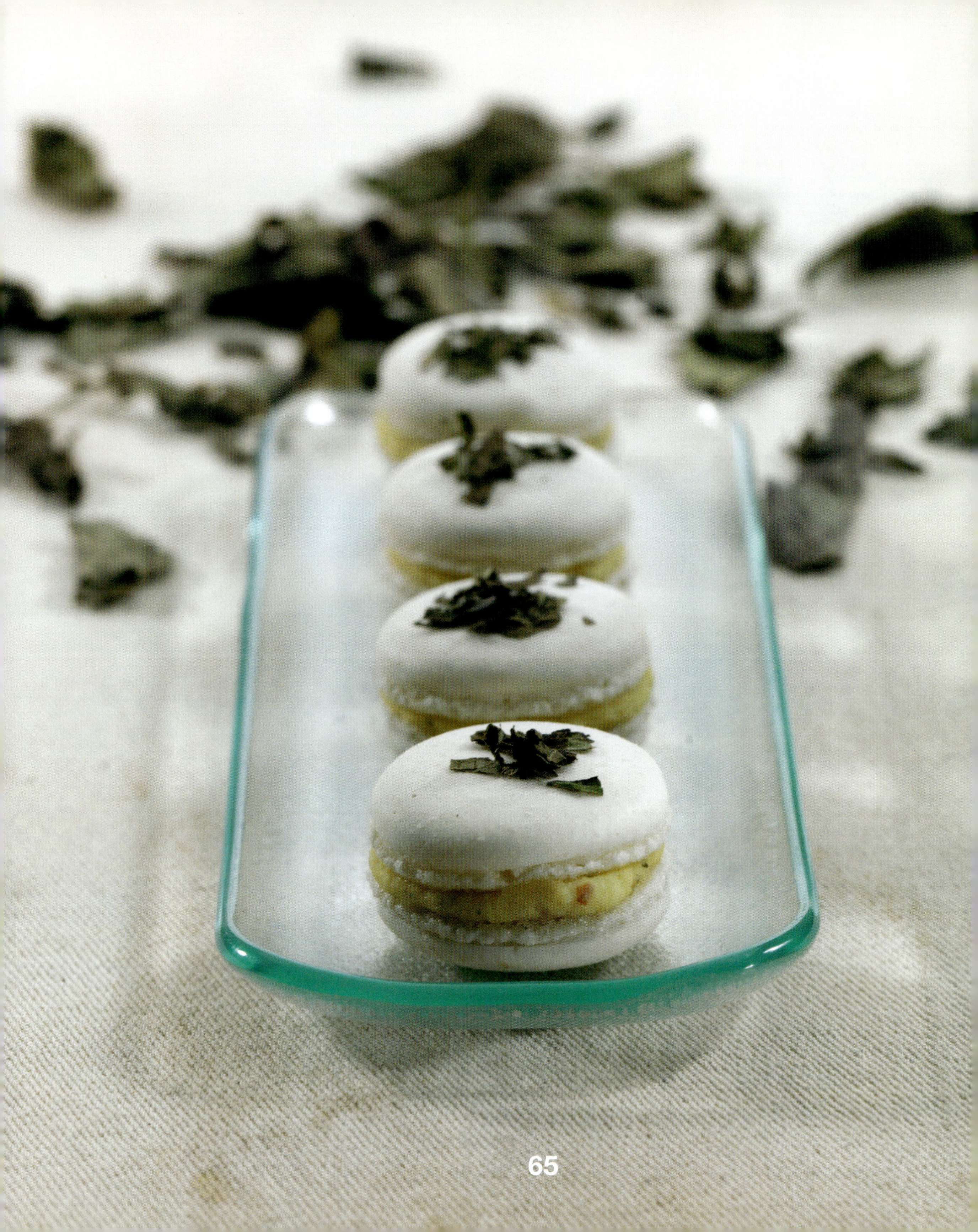

Macaron à la truffe

Pour 35 macarons
Moyenne / Chère
Préparation : 50 minutes
Repos : 1 heure minimum
Cuisson : 10 à 15 minutes

Ingrédients
- 130 g de poudre d'amande
- 200 g de sucre glace
- 3 beaux blancs d'œufs ou 4 petits
- 30 g de sucre en poudre.

Pour la garniture
- 150 g de mascarpone
- 5 cl d'huile de truffe
- 10 g de brisures de truffes
- Sel.

- Placer le mascarpone dans un récipient et le travailler à l'aide d'un fouet ou d'une fourchette pour le détendre. Ajouter peu à peu l'huile de truffe tout en continuant à mélanger. Saler légèrement et ajouter les brisures de truffes.
- Réserver au réfrigérateur pendant tout le temps de la préparation des macarons.
- Mélanger la poudre d'amande et le sucre glace dans un mixeur équipé d'une grande lame.
- Monter les blancs d'œufs en neige ferme. Lorsqu'ils commencent à prendre, ajouter le sucre en poudre et battre jusqu'à obtention d'une meringue ferme.
- Verser la poudre d'amande mélangée au sucre glace et l'incorporer à l'aide d'une spatule. Lorsque le mélange est bien homogène, le verser dans une poche à douille.
- Former des petites boules de pâte d'environ 4 cm de diamètre sur une plaque à four recouverte de papier sulfurisé. Les laisser reposer 30 minutes au minimum.
- Faire cuire pendant 10 à 12 minutes à 150 °C (th. 5). Laisser tiédir les coques de macaron.
- Garnir la moitié des coques de mascarpone à la truffe et couvrir afin de former les macarons.

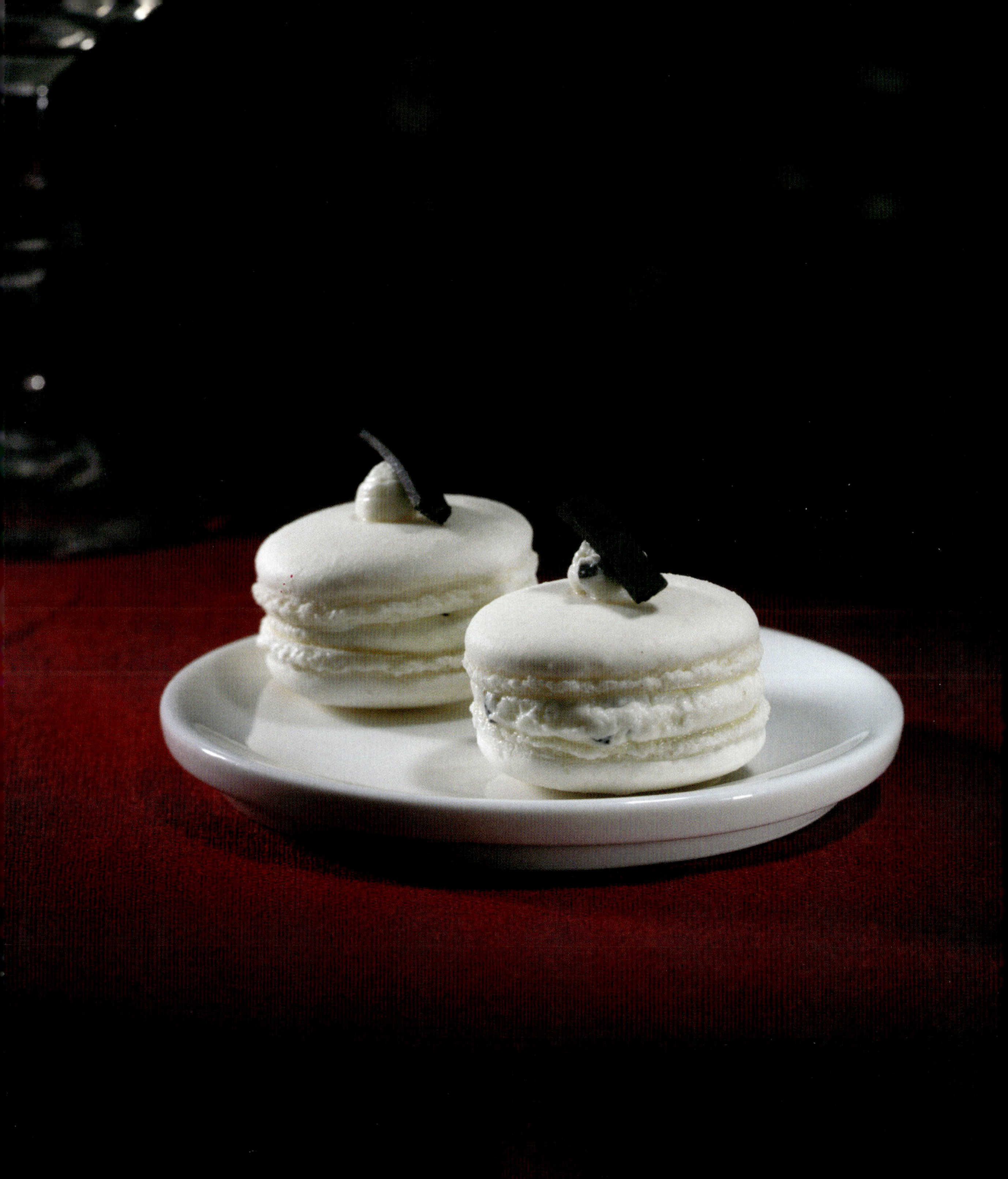

Macaron au poivron anisé

Pour 35 macarons
Moyenne / Raisonnable
Préparation : 1 heure 10 min.
Repos : 3 heures minimum
Cuisson : 1 heure 15 minutes

Ingrédients
- 125 g de poudre d'amande
- 180 g de sucre glace
- 3 beaux blancs d'œufs
- 20 g de sucre en poudre
- Colorant rouge ou vert, au choix.

Pour la crème de poivron
- 2 poivrons rouges
- 50 g de beurre en pommade
- 2 cuil. à soupe d'apéritif anisé
- Sel, poivre du moulin.

- Mettre au four les poivrons soigneusement nettoyés dans un plat avec un peu d'eau pendant environ 1 heure à 200 °C (th. 6-7).
- Retourner régulièrement les poivrons : leur peau doit noircir et cloquer. Peler les poivrons à chaud, retirer leurs pédoncules et les pépins.
- Mixer les poivrons ainsi épluchés puis ajouter le beurre découpé en petits morceaux. Parfumer avec l'apéritif anisé, saler et poivrer.
- Réserver cette crème de poivron au réfrigérateur pendant 1 ou 2 heures.
- Préparer les macarons selon la recette « pour tous », p. 10. Colorer la meringue en rouge ou en vert afin d'évoquer le poivron.
- Lorsque les coques ont bien refroidi, en garnir la moitié de crème de poivron puis recouvrir avec l'autre moitié des biscuits.
- Réserver au frais avant de déguster.

Conseil : vous pouvez aussi colorer la moitié des macarons en rouge et l'autre moitié en vert afin de jouer sur les contrastes.

Macaron carotte

Pour 35 macarons
Difficile / Économique
Préparation : 45 minutes
Repos : 3 heures au minimum
Cuisson : 35 minutes

Ingrédients
- 150 g de poudre d'amande
- 150 g de sucre glace
- 4 blancs d'œufs
- 150 g de sucre en poudre
- Colorant alimentaire orange.

Pour la mousse de carotte
- 300 g de carottes
- 1 cuil. à soupe de crème fraîche
- 75 g de fromage de chèvre frais
- 1 cuil. à soupe de graines de cumin.

- Faire cuire les carottes épluchées et découpées en morceaux à l'eau ou à la vapeur 20 minutes environ.
- Égoutter les carottes puis les laisser refroidir avant de les mixer avec la crème fraîche, le fromage frais et le cumin.
- Réserver plusieurs heures au réfrigérateur.
- Préparer les macarons selon la recette utilisant la meringue italienne (« pour pros »), p. 12, en ajoutant quelques gouttes de colorant orange à la meringue pour qu'elle prenne une couleur approchant de celle de la carotte.
- Garnir la moitié des macarons refroidis et creusés à l'intérieur avec le pouce d'un peu de mousse de carotte versée dans une poche à douille.
- Fermer soigneusement les macarons et les placer au réfrigérateur environ 1 heure.

Macaron
au poivron anisé

Macarons sucrés-salés, ou hésitants

Macarons au foie gras

recette coup de cœur

Pour 35 macarons
Difficile / Chère
Préparation : 1 heure 30 min.
Repos : 2 heures 30 minutes minimum
Cuisson : 20 minutes

Ingrédients
- 130 g de poudre d'amande
- 200 g de sucre glace
- 4 blancs d'œufs
- 25 g de sucre en poudre.

Pour la mousse de foie gras
- 200 g de foie gras
- 20 cl de crème fraîche liquide
- Sel, poivre.

Pour la compotée d'ananas
- 100 g de sucre en poudre
- 1 gousse de vanille
- 200 g d'ananas.

- Commencer par préparer la mousse de foie gras : disposer le foie gras découpé en morceaux avec la crème fraîche liquide dans une casserole.
- Porter à ébullition puis baisser le feu afin d'obtenir une crème lisse et homogène. Saler, poivrer et mixer si nécessaire. Réserver au réfrigérateur environ 2 heures.
- Préparer la compotée d'ananas : verser environ 10 cl d'eau dans une casserole avec le sucre et la vanille égrainée.
- Porter à ébullition. Ajouter ensuite l'ananas découpé en tout petits morceaux. Mélanger et laisser chauffer sur feu moyen 5 minutes.
- Arrêter la cuisson et laisser refroidir.
- Commencer la préparation des macarons en mélangeant la poudre d'amande et le sucre glace dans un mixeur.
- Monter les blancs d'œufs en neige ferme. Lorsqu'ils commencent à prendre, ajouter le sucre en poudre en pluie. Continuer à mélanger jusqu'à ce que l'appareil soit bien ferme.
- Incorporer la poudre d'amande mélangée au sucre glace à l'aide d'une spatule en caoutchouc. Verser la pâte à macaron dans une poche à douille.
- Former des petites boules de pâte d'environ 4 cm de diamètre sur une plaque à four recouverte de papier sulfurisé. Les laisser reposer 30 minutes au minimum.
- Faire cuire 10 minutes environ à 150 °C (th. 5).
- Lorsque les coques de macaron ont bien refroidi, appuyer du côté plat au centre des biscuits avec le pouce afin de les creuser légèrement.
- Sortir la crème de foie gras du réfrigérateur et la fouetter jusqu'à obtention d'une sorte de chantilly.
- Déposer un peu d'ananas à la vanille sur la moitié des coques de macaron. Déposer ensuite un peu de mousse de foie gras à la poche à douille.
- Refermer avec l'autre moitié des coques afin de former des macarons.

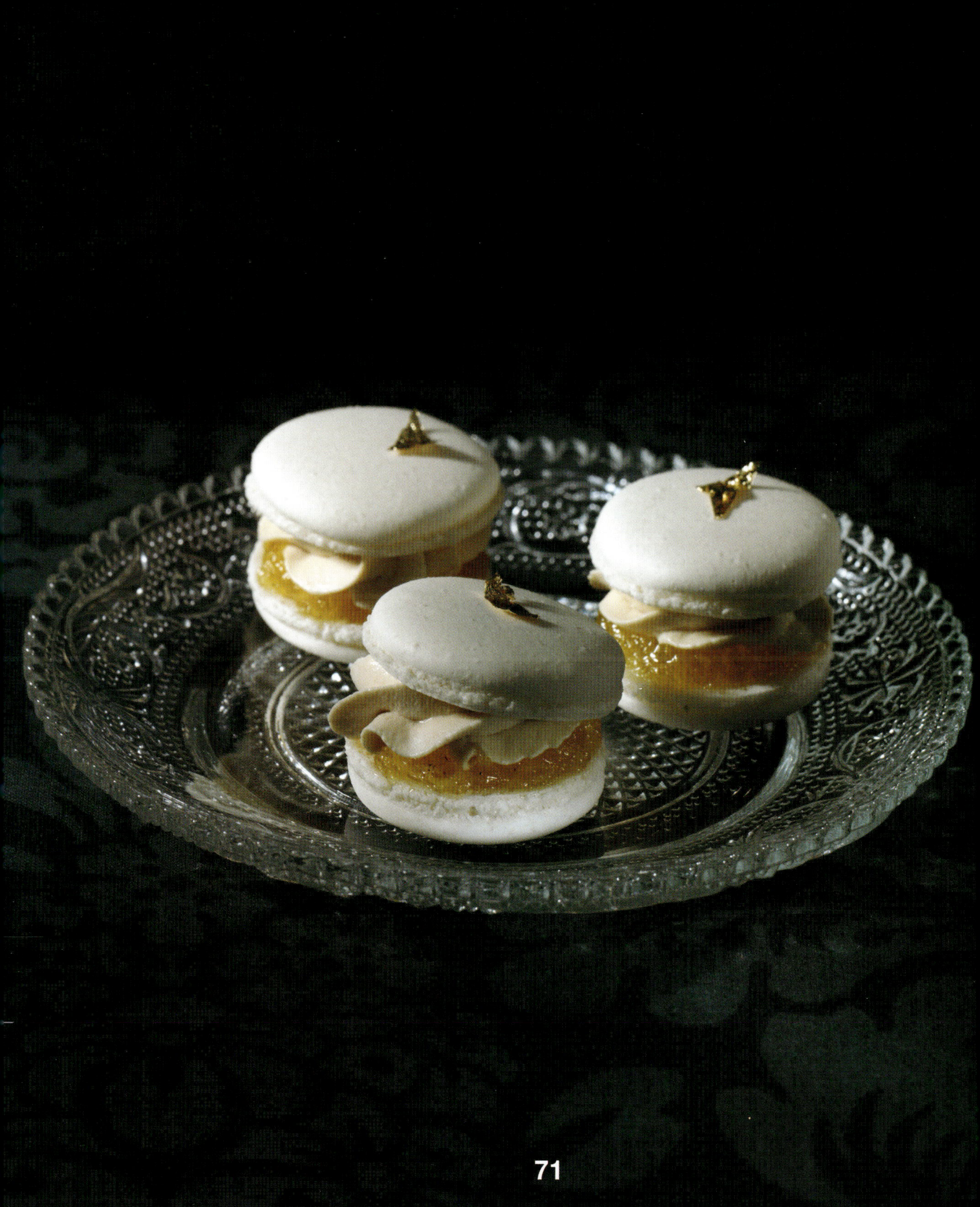

Macaron au tarama, aneth et zestes de citron confit

Pour 35 macarons
Moyenne / Économique
Préparation : 45 minutes
Repos : 1 heure minimum
Cuisson : 10 à 15 minutes

Ingrédients
- 130 g de poudre d'amande
- 200 g de sucre glace
- 4 blancs d'œufs
- 25 g de sucre en poudre
- Colorant alimentaire rouge.

Pour la garniture
- 200 g de tarama
- 3 cuil. à soupe de zestes de citron confit découpés en morceaux
- 2 cuil. à soupe d'aneth haché.

- Mélanger le tarama avec les zestes de citron confit et l'aneth ciselé. Réserver au réfrigérateur le temps de préparer les macarons.
- Préparer les macarons selon la recette « pour tous », p. 10, présentée dans la première partie de cet ouvrage. Colorer les blancs montés en neige avec quelques gouttes de colorant alimentaire rouge afin d'obtenir des macarons roses.
- Garnir la moitié des coques refroidies d'une noix de tarama et couvrir de l'autre moitié des coques.

Macaron tout rouge

Pour 30 macarons
Moyenne / Économique
Préparation : 1 heure
Repos : 1 heure minimum
Cuisson : 1 heure

Ingrédients
- 130 g de poudre d'amande
- 200 g de sucre glace
- 4 blancs d'œufs
- 25 g de sucre en poudre
- Colorant alimentaire rouge.

Pour la garniture
- 200 g de tomates pelées
- 200 g de sucre en poudre
- 1 cuil. à soupe de vinaigre balsamique
- 1 citron vert
- Quelques feuilles de basilic ciselées.

- Disposer les tomates avec le sucre, le vinaigre, le jus du citron vert et 20 cl d'eau dans une casserole.
- Faire compoter environ 45 minutes à feu doux. Ajouter le basilic en fin de cuisson.
- Réserver au frais dans un ou plusieurs pots à confiture.
- Préparer les macarons de la manière la plus simple, selon la recette proposée « pour tous », p. 10.
- Garnir les macarons, colorés au colorant alimentaire rouge afin d'obtenir une belle couleur « tomate », de cette préparation.
- Remettre au frais 20 minutes environ et déguster.

Macaron au tarama, aneth et zestes de citron confit

Table des matières

Introduction 5
Quelques conseils pour réussir ses macarons 6
Tout sur le macaron 8

Macarons de base
- L'ancêtre du macaron
  (le macaron de Nancy) 10
- Macarons pour tous 10
- Macarons pour pros 12

Macarons sucrés
- Macaron au chocolat au lait 14
- Macaron praliné 14
- Macaron domino 16
- Macadamia nut macaron 18
- Macaron café turc 20
- Macaron de la passion 20
- Macaron au caramel 22
- Macaron à la réglisse 24
- Macaron à la pâte de spéculoos 24
- Macaron à la framboise 26
- Macaron aux litchis et à la rose 28
- Macaron au lemon curd parfumé au thym 30
- Macaron vert à la cerise 30
- Coco le macaron 32
- Macaron groseille et sucre glace 34
- Macaron rouge à la gelée de menthe 36
- Macaron au kiwi
  et au mascarpone mousseux 36
- Macaron matcha-fruits rouges 38
- Macaron oranger 38
- Macaron à la crème de nougat 40
- Macaron des Hespérides 42
- Macaron pêche-lavande 44
- Macaron poire et crème de marrons 44
- Macaron fraisier 46
- Macaron nostalgique à la barbe à papa
  et aux violettes en sucre 48
- Mangue des îles 50
- Macaron choco-piment 50
- Macaron Masala 52
- Verrine aux macarons 52
- Macaron au pain d'épice et au safran 54
- Macaron rose-pistache 56
- Macaron « trésor » à la mousse
  de mangue poivrée 58

Macarons sucrés-salés, ou hésitants
- Macaron figues et chèvre frais   60
- Macaron à la crème de sésame   60
- Macaron à l'avocat   62
- Macaron à l'houmous citronné   64
- Macaron à la truffe   66
- Macaron au poivron anisé   68
- Macaron carotte   68
- Macarons au foie gras   70
- Macaron au tarama, aneth
  et zestes de citron confit   72
- Macaron tout rouge   72

Dépôt légal 3ᵉ trim. 2009 - n° 3 605 - Imprimé en U.E.